甘すぎないから、毎日食べたくなる

菓子屋シノノメの焼き菓子

毛　宣恵（マオ シュエンホェイ）

家の光協会

はじめに

私のお店、菓子屋シノノメは、東京の東側、台東区蔵前にあります。シノノメのお菓子を「甘すぎないから、おいしい」といってくださるお客さまがいます。それはたぶん、私自身が甘党ではないからかもしれません。甘いものが大好きではない人にもすんなりと受け入れられ、甘いものが大好きな人には毎日食べたいと思ってもらえるような、そんなからだにやさしいお菓子を目指しています。

学生時代に写真を学んでいた私が焼き菓子を作るようになったきっかけは、少し変わっています。人を喜ばせたいから、人に食べてもらいたいから始めたのではなく、〝自分と向き合うこと〟が出発点でした。焼き菓子作りは生菓子に比べて作業が単調で、見た目にも華がありません。そのかわりに、使った素材の味ができあがりにそのまま表れるおもしろさがあり、そのシンプルさ、ストレートさに惹かれました。単調な作業を黙々と積み重ねていくうちに、その時間はいつしか自分と向き合う時間になりました。学生時代にひとり暗室にこもって作業していた感覚に似ていました。

お菓子作りは自由でいいと思うのです。作る人が自分を表現すればいい。シノノメのお菓子にお茶を使ったものが多いのは、私が幼い頃から親しんできた一番身近な素材だからです。みなさんも、自分の〝好き〟を大切に、自由にお菓子作りを楽しんでください。自分の好きな素材でアレンジするのもいい。自分の時間に浸るために、自分のために作るのもいいし、大切な人のために作るのもいい。日々の生活の傍らにやさしいお菓子があったら、きっとうれしいと思うのです。

甘すぎないから、毎日食べたくなる

菓子屋シノノメの焼き菓子

もくじ

本書の使い方

●オーブンの温度と焼き時間は目安です。焼き時間はオーブンの熱源や機種によって差が出るので、様子を見ながら加減してください。

●オーブンで焼く際には、焼き時間が半分経過したら、天板の向きを変えて焼きムラを防いでください。

●電子レンジは300Wを使用しています。500～600Wだと、バターが溶け出る恐れがあるので、低めの出力で様子を見ながら加熱時間を調節してください。

●小麦粉、バター、砂糖などの材料は、いくつかの種類を使い分けています。詳しくはp.90～91を参照してください。

ウーロン茶マドレーヌ

Oolong Tea Madeleines

菓子屋シノノメのスペシャリテです。いつもこんなふうに大皿に盛って、カウンターに置いています。

私の理想とするマドレーヌは、表面がカリッとして中がふわっとやさしい口あたり。保水性のある上白糖とはちみつを使い、卵と合わせるときに空気を含ませずに混ぜることで、きめ細かく、しっとりとしたテクスチャーに仕上げます。深めの型で焼くのもポイントです。深いとぷっくりとした〝おへそ〟ができ、浅いとふくらみが悪く、パサつきがちです。

このマドレーヌのチャームポイントは、良質なウーロン茶のとびきり豊かな香りです。粉末茶葉を混ぜ込み、味も香りも濃く煮出したウーロン茶ミルクティーも混ぜて、お茶の風味を二重にきかせています。その豊かな香りに発酵バターのコクがとても合うのです。香りのよい紅茶やほうじ茶でもアレンジできます。

食べ頃は、粗熱が取れて中心がほの温かいくらいもいいけれど、私は焼きたてを両手に1個ずつ持って歩きながら食べるのが一番好きです。一日おくと、お茶の香りが全体になじんで、それもまたおいしいです。

ウーロン茶マドレーヌ

◉**材料**
（縦6.8×横6.7㎝ 11～12個分）
薄力粉　125g
ベーキングパウダー　5g
バター（発酵）　100g
全卵（溶きほぐす）　100g
上白糖　80g
はちみつ　14g
ウーロン茶の茶葉　4g
ウーロン茶ミルク（以下から30g使用）
- 牛乳　50g
- ウーロン茶の茶葉　4g

◉**下準備**
・薄力粉はふるう。
・卵は室温にもどす。
・型に溶かしバター（分量外）を塗り、茶こしで強力粉（材料外）をふる。
・オーブンは200℃に予熱する。

ウーロン茶ミルクを作る。小鍋で牛乳を沸騰手前まで温め、ウーロン茶の茶葉（またはパック入りの茶葉）を入れて濃く煮出す。粗熱が取れたら茶こしでこす。

別の鍋にバターを入れ、弱火で50℃以上に熱して溶かす。火を止めて40～45℃に保つ。

ウーロン茶の茶葉をミルサーで細かく粉砕する。ミルサーがなければ、すり鉢で細かくしてもよい。

ボウルに薄力粉、ベーキングパウダー、[3]を入れ、ムラなく混ぜる。

別のボウルに卵を入れて泡立て器でコシを切り、上白糖を加えてすぐにすり混ぜる。

Memo 空気を入れることが目的ではないため、泡立て器の先をボウルの底につけて円を描いてぐるぐる混ぜる。

砂糖がなじんだら、はちみつを加えて[5]と同様にムラなく混ぜる。室温に冷ました[1]を30g加え、ムラなく混ぜる。

[6]に[4]を加え、粉気がなくなるまで混ぜる。

Memo 一気に混ぜたほうが、ダマになりにくい。

[7]に40～45℃の[2]を2回に分けて加え、そのつどムラなく混ぜて全体によくなじませる。

Memo 溶かしバターの温度は低すぎると生地になじみにくく、高すぎても(60℃以上)よくない。

生地を絞り袋に入れて口を閉じ、冷蔵庫で1～2時間休ませる。

Memo ジッパー付き保存袋や厚手のポリ袋でも代用できる（絞るときに角を切る）。

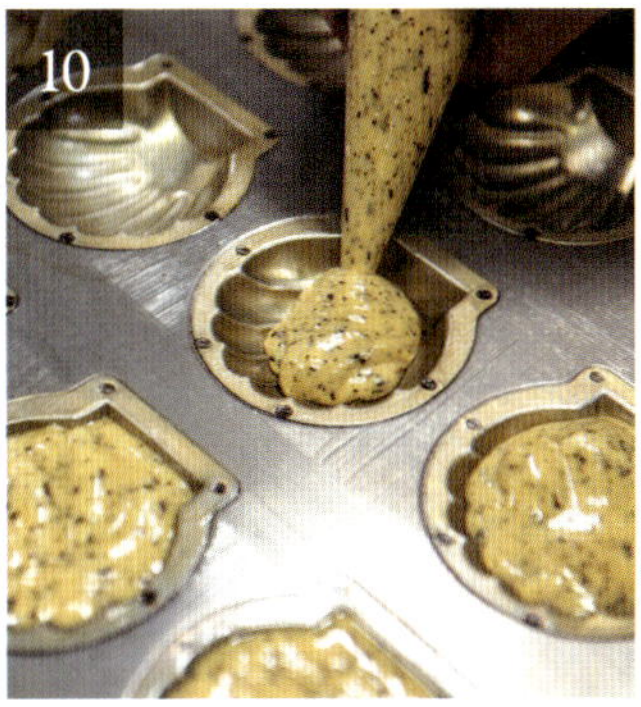

絞る直前に、[9]を300Wの電子レンジで軽く温める。準備した型の八分目まで絞る。

Memo 冷えたまま絞ると焼き上がりの表面に気泡が入りやすい。温めると表面がつややかにきれいに焼き上がる。

型の底を台に軽く打ちつけて生地内の粗い気泡をつぶす。200℃のオーブンで12分ほど焼き、170℃に下げて3分ほど焼く。

取り出して型の底を台に打ちつけて底側の蒸気を抜く。熱いうちにマドレーヌを裏返し、型にのせたまま粗熱を取り、その後、ケーキクーラーに移して冷ます。

甘すぎないので朝ごはんにもよく、もちろん、おやつにもぴったり。

Maple Madeleines

メープルマドレーヌ

卵と発酵バターの風味をストレートに味わうプレーンなマドレーヌ。後味に、かすかにメープルシロップの香りが残ります。幅が細めの、縦長のシェル型で焼き上げます。

◉材料

(縦7.5×横5cm 10個分)

薄力粉　125g

ベーキングパウダー　5g

バター(発酵)　100g

全卵(溶きほぐす)　100g

上白糖　70g

メープルシロップ　40g

◉下準備

・薄力粉はふるう。

・卵は室温にもどす。

・型に溶かしバター(分量外)を塗り、強力粉(材料外)を茶こしで薄くふる。

・オーブンは200℃に予熱する。

◉作り方

1　バターはp.8の[2]と同様に溶かす。

2　薄力粉とベーキングパウダーを合わせ、ムラなく混ぜる。

3　ボウルに卵を入れて泡立て器でコシを切り、上白糖を加えてすぐに混ぜる。完全になじんだら、メープルシロップを加えてムラなく混ぜる。

4　[3]に[2]を加え、粉気がなくなるまで混ぜる。

5　[4]に40～45℃の[1]を2回に分けて加え、そのつどムラなく混ぜる。全体によくなじんだら生地のできあがり。

6　[5]を絞り袋に入れて口を閉じ、冷蔵庫で1～2時間休ませる。

7　焼く直前に[6]を300Wの電子レンジで軽く温め、準備した型の八分目まで絞る。

8　p.9の[11]・[12]と同様にして焼き、冷ます。

ごまマドレーヌ

Sesame Madeleines

黒ねりごまと炒った黒ごまを混ぜ入れた、黒くて香ばしいマドレーヌ。ごまの風味を生かすために発酵バターは使わず、香りの穏やかなプレーンなバターを使います。

◉材料

（縦7.5×横5cm 10個分）
薄力粉　125g
ベーキングパウダー　5g
バター（食塩不使用）　100g
全卵（溶きほぐす）　100g
上白糖　80g
はちみつ　30g
黒ねりごま　20g
黒炒りごま　適量

◉下準備

・薄力粉はふるう。
・卵は室温にもどす。
・型に溶かしバター（分量外）を塗り、強力粉（材料外）を茶こしで薄くふる。
・オーブンは200℃に予熱する。

◉作り方

1　バターはp.8の2と同様に溶かす。
2　薄力粉とベーキングパウダーを合わせ、ムラなく混ぜる。
3　ボウルに卵を入れて泡立て器でコシを切り、上白糖を加えてすぐに混ぜる。完全になじんだら、はちみつとねりごまを加えてムラなく混ぜる。
4　3に2を加え、粉気がなくなるまで混ぜる。
5　4に40～45℃の1を2回に分けて加え、そのつどムラなく混ぜる。全体によくなじんだら生地のできあがり。
6　5を絞り袋に入れて口を閉じ、冷蔵庫で1～2時間休ませる。
7　焼く直前に6を300Wの電子レンジで軽く温める。
8　7を準備した型の八分目まで絞り、まん中に炒りごまをひとつまみずつのせる。
9　p.9の11・12と同様にして焼き、冷ます。

メープルクッキー

Maple Cookies

【型抜き】

菓子屋シノノメのクッキーの中で一番スタンダードなクッキーです。生地は薄力粉に2割ほどのアーモンドパウダーを混ぜ、発酵バターでコクをプラスしています。小さなお子さんも食べられるよう、ナチュラルな素材で作ろうと思い、メープルシュガーと粉糖を少量ずつ加えてあっさりとした甘さに仕上げました。甘さ控え目なので、甘いものが苦手な方にも召し上がっていただけます。上にのっているのはメープルシュガーです。結晶が大きいため焼いても溶けきらず、食感のアクセントになります。

クッキー生地の身上は、カリッ、パリッとした小気味よいテクスチャーです。この食感を作るために、小麦粉は一般的なケーキ用薄力粉ではなく、ややたんぱく質含有量の多い（グルテンが生まれやすくコシの出やすい）フランス産を使っています。

バターたっぷりのクッキー生地は、冷え固まったかたい状態を手早くのばしたり抜いたりするのが鉄則です。もし作業に時間がかかって室温や手の体温で生地が温まってダレてきたら、冷蔵庫でしっかり冷やし固めてから作業を再開しましょう。抜いて余った生地も好きな形にしてぜひ焼いてください。

メープルクッキー

◉材料
(縦5×横7cm 8～9枚分)
薄力粉（エクリチュール） 110g
アーモンドパウダー（皮なし） 20g
バター（発酵） 60g
全卵（溶きほぐす） 15g
メープルシュガー（p.91参照） 28g
粉糖 12g
メープルシュガー（飾り用） 適量

◉下準備
・薄力粉、アーモンドパウダー、粉糖はそれぞれふるう。
・バター、卵は室温にもどす。
・オーブンは160℃に予熱する。

ボウルに薄力粉とアーモンドパウダーを入れ、ムラなく混ぜる。

別のボウルにバターを入れ、ゴムべらで練ってなめらかなクリーム状にする。

[2]にメープルシュガーと粉糖を加え、ムラなく練り混ぜる。

Memo 空気が入らないように混ぜる。白っぽくなるまで混ぜる必要はない。

[3]に卵を2回に分けて加え、そのつどしっかりと混ぜて乳化させる。分離しないよう、よく混ぜ合わせる。

[4]に[1]を加え、切るようにして練らずに混ぜる。ゴムべらで細かく刻みながら粉類となじませていく。練ると食感が変わってしまう。

5をひとまとめにしてラップに包み、麺棒で厚さ2㎝程度の四角形に整える。冷蔵庫で最低20分休ませる。

ラップをはがし、打ち粉（強力粉・材料外）をして麺棒である程度のばし、両脇に5㎜のルーラーを置いて5㎜厚さにのばす。

Memo 生地の向きを途中で何度か変え、前後左右にかたよりなく力を加えてのばす。手早くのばすことが大切。途中で生地がダレてきたら、冷蔵庫で冷やし固めてから作業する。

型に打ち粉をつけて7を抜き、シルパンを敷いた天板に並べる。

Memo 2番生地は、食感は変わるがまとめてのばし直して抜くとよい。

生地のまん中にメープルシュガーをひとつまみずつのせ、160℃のオーブンで17分ほど焼く。取り出して粗熱を取り、その後、ケーキクーラーに移して冷ます。

【型抜きクッキーのポイント】

◆生地は最低20分休ませる。休ませることでグルテンの働きが抑えられ、型抜きがしやすくなる。また、焼き縮みを防げる。

◆2番生地（一度型を抜いたあとに残る生地）も、まとめ直して焼く。こちらもおいしい。

このクッキーは、シノノメ開店当時からの定番商品。型は合羽橋道具街で見つけたもの。

Lemon Mint Cookies

レモンミントクッキー【型抜き】

レモンとミントで清涼感を演出。レモンピールは生地に混ぜずにトッピングしてのばすことで、黄色のかたまりがよく見えて、かわいらしい仕上がりになります。レモンの型で抜いて、見た目にもさわやかに。

◉材料

（縦5.5×横7.5cm 13枚分）
薄力粉（エクリチュール） 180g
全粒粉 40g
アーモンドパウダー（皮なし） 40g
バター（発酵） 120g
全卵（溶きほぐす） 30g
粉糖 80g
塩 0.4g
牛乳 6g
レモンミンチ*（p.91参照） 20g
ミント（ドライ、p.91参照） 1.2g
レモンピール 適量
*レモンピールを5mm角に刻んでもよい。

◉下準備

・薄力粉、全粒粉、アーモンドパウダー、粉糖はそれぞれふるう。
・バター、卵は室温にもどす。
・オーブンは160℃に予熱する。

◉作り方

1 p.14の[1]・[2]と同様に粉類を混ぜ、バターをクリーム状にする。

2 [1]のバターに粉糖を合わせ、ゴムべらでムラなく混ぜる。

3 卵と牛乳を混ぜ合わせ、[2]に2回に分けて加え、そのつどしっかりと混ぜて乳化させる。

4 [3]にレモンミンチを加えてムラなく混ぜる。

5 [1]の粉類、ミントを加え、切るようにして練らずに混ぜる。

6 ひとまとめにしてラップに包み、麺棒で厚さ2cm程度の四角形に整える。冷蔵庫で最低20分休ませる。

7 ラップをはがし、打ち粉（強力粉・材料外）をして麺棒で7mm厚さにのばす。レモンピールを均等に散らし（a）、その上から麺棒をかけて押し込む（b）。ある程度のびたら、両脇に5mmのルーラーを置いて5mm厚さにのばす。

Memo このひと手間でレモンピールがクッキーの表面に見える。

8 型に打ち粉をつけ、[7]を抜く（c）。

9 天板にシルパンを敷き、[8]を並べる。

10 160℃のオーブンで17分ほど焼く。取り出して粗熱を取り、その後、ケーキクーラーに移して冷ます。

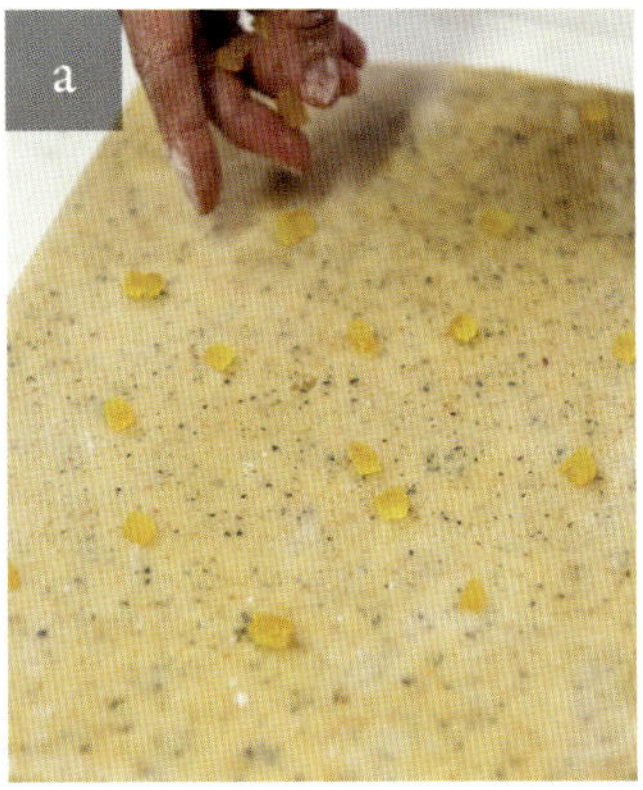
a

b

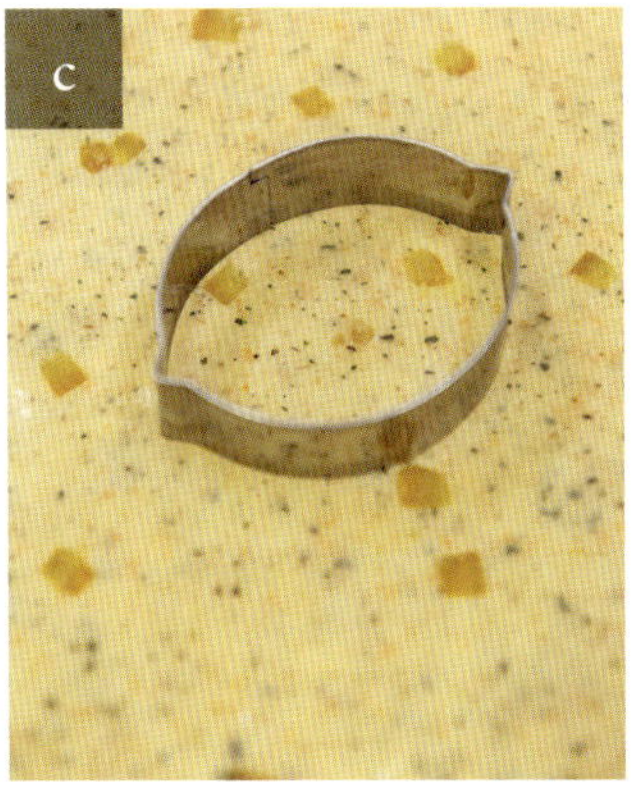
c

クランベリーのショートブレッド【型抜き】

Cranberry Shortbread

ホロッと砕けるテクスチャーが特徴の、バタークッキーの代表格。本場スコットランドでは厚めで素朴に仕立てますが、私は米粉を混ぜて軽さを出し、ドライクランベリーで変化をつけてみました。

●材料

(直径4cm 20枚分)
薄力粉(エクリチュール) 150g
米粉 30g
バター(発酵) 130g
粉糖 55g
塩 1g
牛乳 10g
ドライクランベリー(細かく刻む) 20g

●下準備

・薄力粉、米粉、粉糖はそれぞれふるう。
・バターは室温にもどす。
・ドライクランベリーは湯に浸してもどし、水気をきり、室温程度に冷ます。
・オーブンは160℃に予熱する。

●作り方

1 ボウルに薄力粉と米粉、塩を入れ、ムラなく混ぜ合わせる。

2 別のボウルにバターを入れ、ゴムべらでよく混ぜてクリーム状にする(a)。

3 2に粉糖を加え、白っぽくなるまでしっかりと練り混ぜる。

4 3に牛乳、クランベリーを順に加え、そのつどムラなく混ぜる。

5 4に1を加え、ゴムべらで切るようにして練らずに混ぜる。

6 粉気がなくなったら、ひとまとめにしてラップに包み、麺棒である程度のばし、ルーラーを使って1cm厚さにのばす。冷蔵庫で最低20分休ませる。

Memo バターの多い生地なので、やわらかくてベタつくが、冷やすとかたくなる。

7 型に打ち粉(強力粉・材料外)をつけて6を抜き、シルパンを敷いた天板に並べる。

Memo 生地がベタつきはじめたら、冷蔵庫で冷やし固めてから作業する。

8 160℃のオーブンで25分ほど焼く。取り出して粗熱を取り、その後、ケーキクーラーに移して冷ます。

紅茶クッキー【アイスボックス】

Tea Cookies

生地を棒状に整えて冷やし固め、包丁で端から切り出して作るクッキーをアイスボックスクッキーと呼びます。薄くのばしたり型で抜いたりする手間がなく、特別な道具も必要なく、生地の無駄も出ません。型抜きクッキーのように形はきれいにそろいませんが、不ぞろいゆえの素朴な温かみがあります。切り出す厚みでテクスチャーが変わるのも、この製法ならではの魅力です。私は1cm厚さに切ったときのホロッとしたテクスチャーが好きです。1・3cmにするとカリッとなり、それもおいしいです。

紅茶クッキーをおいしく作るポイントは、紅茶の味と香りを両立させることです。生地に練り込んだ茶葉は、生地を冷蔵庫で休ませている間に味がしみ出して生地全体にまわります。でも、それだけでは香りが立ちません。それを紅茶のリキュールで補うのです。アルコールは香りを吸収しやすい性質があるため、少量でもしっかりと香ります。

生地を冷凍保存しておけば、いつでも焼きたてのクッキーが楽しめます。ラップでしっかりと包んで冷凍し、使う前に冷蔵庫で軽く解凍すると、欠けずにきれいに切ることができます。

紅茶クッキー

◉材料
（厚さ1×直径3.5cm 16枚分）
薄力粉（エクリチュール） 190g
アーモンドパウダー（皮なし） 45g
バター（発酵） 150g
粉糖 65g
牛乳 6g
紅茶の茶葉（アールグレイ） 6g
紅茶のリキュール（p.91参照） 8g

◉下準備
・薄力粉、アーモンドパウダー、粉糖はそれぞれふるう。
・バター、牛乳は室温にもどす。
・オーブンは160℃に予熱する。

紅茶の茶葉はミルサーで細かく粉砕する。

ボウルに薄力粉、アーモンドパウダー、1を入れ、ムラなく混ぜる。

別のボウルにバターを入れ、ゴムべらで練ってなめらかなクリーム状にする。

3に粉糖を加え、ムラなく練り混ぜる。
Memo 空気が入らないように混ぜる。白っぽくなるまで混ぜる必要はない。

4に牛乳、紅茶のリキュールを加え、全体になじむまで混ぜる。

5に2を加え、切るようにして練らずに混ぜる。
Memo へらで生地のかたまりを細かく刻みながら粉類となじませていく。

6をひとまとめにしてラップに包み、麺棒で厚さ2cm程度の四角形に整える。冷蔵庫で最低1時間休ませる。

ラップをはがし、打ち粉（強力粉・材料外）をして手のひらの付け根で押しつぶす。
Memo 押しつぶすことで生地のかたさを均一にする。

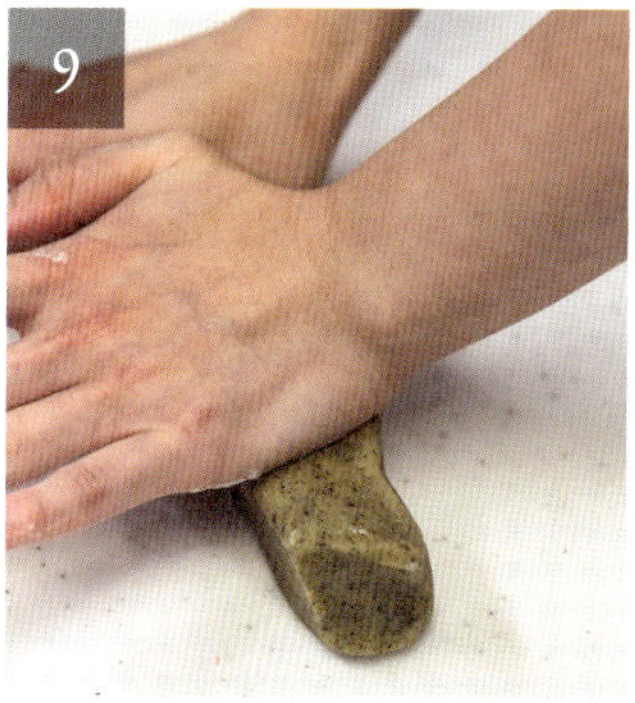

つぶしながら角棒状に整えていく。

Memo 空気が入らないよう注意する。

転がして太さ3.5cmの丸棒状に整える。

Memo 手早く形を整えることが大切。途中で生地がダレてきたら、冷蔵庫で冷やし固めてから作業し、ベタついたら打ち粉をふる。

ベーキングシートのまん中に置き、片側からシートをかぶせ、2重になったシートの上からカードでしごくように押してきれいな円柱状に整える。

そのままシートでくるみ、冷凍庫で20分ほど冷やし固める。

Memo この段階で冷凍保存可能。その場合はラップに包む。かたくなりすぎると切ったときに欠けやすいため、冷蔵庫で軽く解凍してから切る。

包丁で端を落とし、定規で1cm間隔に印をつける。

印の箇所に包丁を入れて1cm厚さに切る。

Memo 刃を前後に動かさず、上から真下にストンと下ろして切る。生地がダレてきたら冷蔵庫で冷やし直す。ダレると断面が正円にならない。

天板にシルパンを敷き、[14]を並べる。160℃のオーブンで25分ほど焼く。取り出して粗熱を取り、その後、ケーキクーラーに移して冷ます。

【アイスボックスクッキーのポイント】
◆生地を休ませた後は、一度全体を押しつぶしてから、手早く棒状にする。生地のかたさを均一にすることで、割れずに成形できる。

ピーナッツチョコクッキー【アイスボックス】

Peanut Chocolate Cookies

アメリカのチョコチップクッキーをイメージして作った、具だくさんのアイスボックスクッキー。ピーナッツバターを混ぜ込んでいるので、ホロッと砕ける食感です。グラニュー糖を側面にまぶして〝ディアマン〟に。

◉材料

(厚さ1.3×直径3.5cm 26～27枚分)
薄力粉(エクリチュール) 190g
アーモンドパウダー(皮なし) 45g
バター(食塩不使用) 130g
ピーナッツバター(有糖・チャンクタイプ) 45g
粉糖 65g
塩 2g
牛乳 15g
ピーナッツ(粗く刻む) 15g
かぼちゃの種(粗く刻む) 5g
チョコチップ 30g
卵白 適量
グラニュー糖 適量

◉下準備

・薄力粉、アーモンドパウダー、粉糖はそれぞれふるう。
・バター、ピーナッツバターは室温にもどす。
・オーブンは160℃に予熱する。

◉作り方

1 ボウルに薄力粉、アーモンドパウダー、塩を入れ、ムラなく混ぜる。

2 別のボウルにバターを入れ、ゴムべらで練ってなめらかなクリーム状にし、粉糖を加えてムラなく練り混ぜる。

3 [2]に牛乳、ピーナッツバターを順に加え、そのつどムラなく混ぜる。

4 [3]にピーナッツ、かぼちゃの種、チョコチップを加え、全体になじむまで混ぜる。

5 [4]に[1]を加え、切るようにして練らずに混ぜる。

6 p.22・23の[7]～[11]と同様にする。

Memo 具材が多いため最初は形を整えにくいが、手で練って全体を均一なやわらかさにしてから転がすと円柱状に整えやすい。

7 ベーキングシートでくるみ、冷凍庫で20分ほど冷やし固める。

8 生地をシートから取り出し、コシを切った卵白を刷毛で生地の側面に塗る(a)。

9 バットにグラニュー糖を敷き詰め、[8]を入れて転がして側面にびっしりとまぶす(b)。冷凍庫で20分ほど冷やす。

10 包丁で端を落とし、定規で1.3cm間隔に印をつけてから、1.3cm厚さに切る。

11 天板にシルパンを敷き、[10]を並べる。160℃のオーブンで25分ほど焼く。取り出して粗熱を取り、その後、ケーキクーラーに移して冷ます。

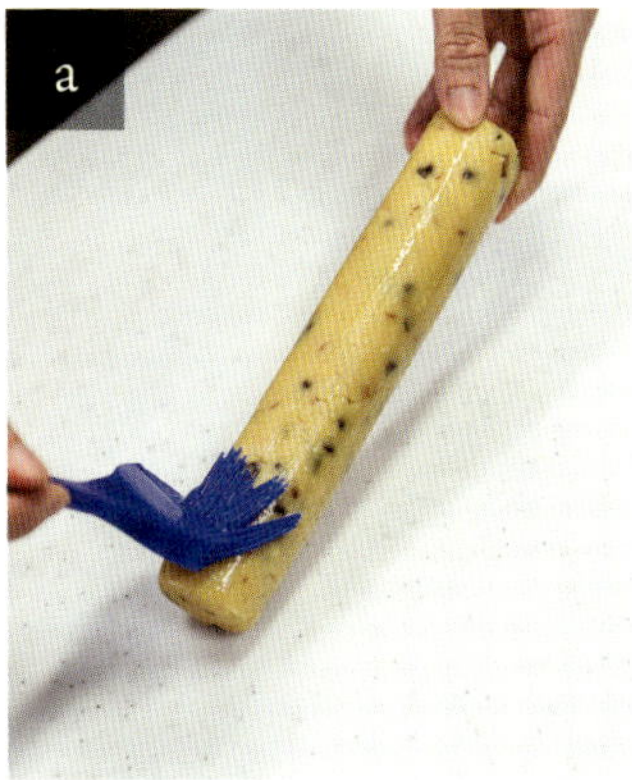
a

b

シナモンくるみクッキー【アイスボックス】

Cinnamon Walnut Cookies

そのまま食べてもおいしいシナモン風味のくるみのキャラメリゼを生地にたっぷり練り込みます。カリカリッとした食感とほろ苦いキャラメル風味がアクセント。キャラメリゼは、アーモンドなど好みのナッツで作って、おやつやおつまみにするのもおすすめです。

◉材料

(厚さ1.3×直径3.5cm 28枚分)

薄力粉(エクリチュール) 190g

アーモンドパウダー(皮なし) 50g

バター(発酵) 150g

粉糖 80g

牛乳 15g

くるみのキャラメリゼ(以下から70g使用)

- くるみ 100g
- キャラメル
  - グラニュー糖 70g
  - 塩 1g
  - 水 30g
- バター 10g
- グラニュー糖 10g
- シナモンパウダー 10g

◉下準備

・くるみは150℃のオーブンで20分焼き、室温に冷ました後、粗く刻む。

・薄力粉、アーモンドパウダー、粉糖はそれぞれふるう。

・バター、牛乳は室温にもどす。

・オーブンは160℃に予熱する。

◉作り方

くるみのキャラメリゼを作る。

1 鍋にキャラメルの材料を入れて強めの中火にかけ、キャラメル色になる手前まで熱する。

2 くるみを加え(a)、火から下ろして木べらで混ぜ続ける。

3 シロップが結晶化して白く粉をふく状態になったら(b)、強めの中火にかけてさらに混ぜ続ける。

4 つやのあるキャラメル状に戻ったら、火から下ろしてバターを加え、混ぜて全体にからめる(c)。

5 バットに薄く広げて粗熱を取る。グラニュー糖とシナモンパウダーを混ぜ合わせ、冷めたくるみにふりかけ、まんべんなくあえる。

クッキー生地を作る。

6 ボウルにバターを入れ、ゴムべらで練ってなめらかなクリーム状にし、粉糖を加えてムラなく練り混ぜ、牛乳を加えて混ぜ合わせる。

7 薄力粉とアーモンドパウダーを混ぜ合わせて6に加え、切るようにして練らずに混ぜる。粉が完全に混ざりきる前に、5を加えて混ぜ込む。

8 p.22・23の7〜12と同様にする。

9 包丁で端を落とし、定規で1.3cm間隔に印をつけてから、1.3cm厚さに切る。

10 天板にシルパンを敷き、9を並べる。160℃のオーブンで25分ほど焼く。取り出して粗熱を取り、その後、ケーキクーラーに移して冷ます。

a

b

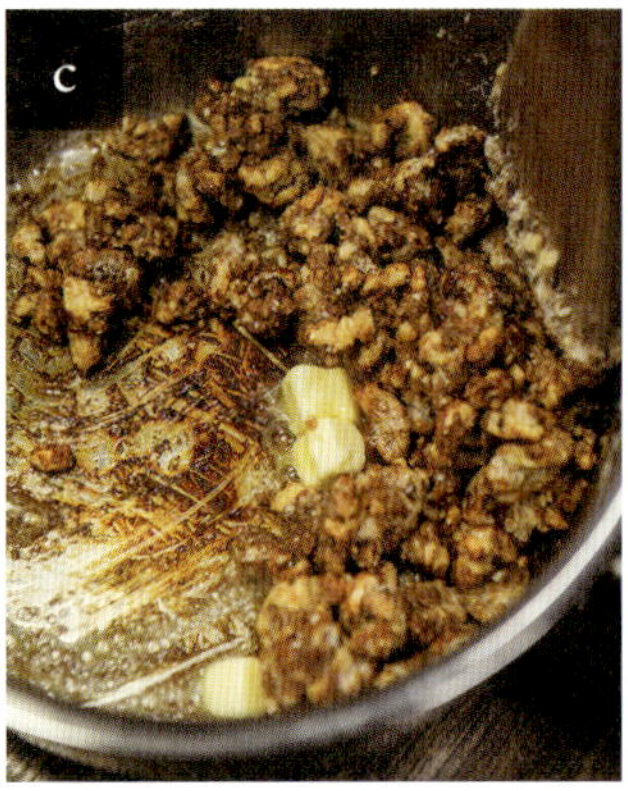
c

ショコラクッキー

Chocolate Cookies

【絞り出し】

口金で絞り出すクッキーは、フラットなクッキーに比べて少し手間はかかりますが、表情があって、小粒でも存在感があります。流れるような曲線が時にかわいらしく、時に優雅に目に映り、食べる人を楽しませます。華やかで、口金と絞り方次第で印象が大きく変わる、一番自由なクッキーです。

黒くシックなバラ形のこのクッキーは、カカオパウダーでほろ苦く、深い味わいに仕立てています。バターたっぷりの生地なので、小さくても味は濃厚で、1、2個食べるだけで満足感があります。真ん中にあしらったピスタチオナッツは、食感に変化をつけ、黒一色の色合いに差し色をする役割もあります。

絞り出しクッキー生地の特徴は、ふんわりとしたやわらかさにあります。バターと砂糖を合わせてハンドミキサーでしっかりと撹はんし、空気をたっぷりと抱き込ませてふんわりとさせるのです。かたく締まった生地では、美しい形に絞り出すことはできません。

生地の状態で保存する場合は、バットにベーキングシートを敷き、好きな形に絞って冷凍し、固まったら保存容器に移して冷凍します。食べたいときに、凍ったまま焼けば、風味よく楽しめます。

ショコラクッキー

◉材料
（直径4cm 36個分）
薄力粉　210g
カカオパウダー　28g
バター（食塩不使用）　200g
卵白（コシを切る）　52g
粉糖　85g
塩　2g
ピスタチオナッツ（みじん切り）
　適量

◉下準備
・薄力粉、カカオパウダー、粉糖はそれぞれふるう。
・バター、卵白は室温にもどす。
・オーブンは160℃に予熱する。

1

ボウルにバターを入れ、ハンドミキサーの高速でクリーム状になるまで撹はんする。

2

1に粉糖、塩を加え、ふんわりとして白っぽくなるまでしっかりと撹はんする。

3

卵白を加え、撹はんしてムラなく混ぜる。
Memo 卵白はかならずコシを切ること。切らないと生地のかたさに影響が出て、絞りづらくなる。

4

薄力粉とカカオパウダーを加え、ゴムべらで切るようにして練らずに混ぜる。混ぜ上がりはふんわりとしたやわらかさ。
Memo へらで生地を細かく刻みながら粉類となじませていく。

5
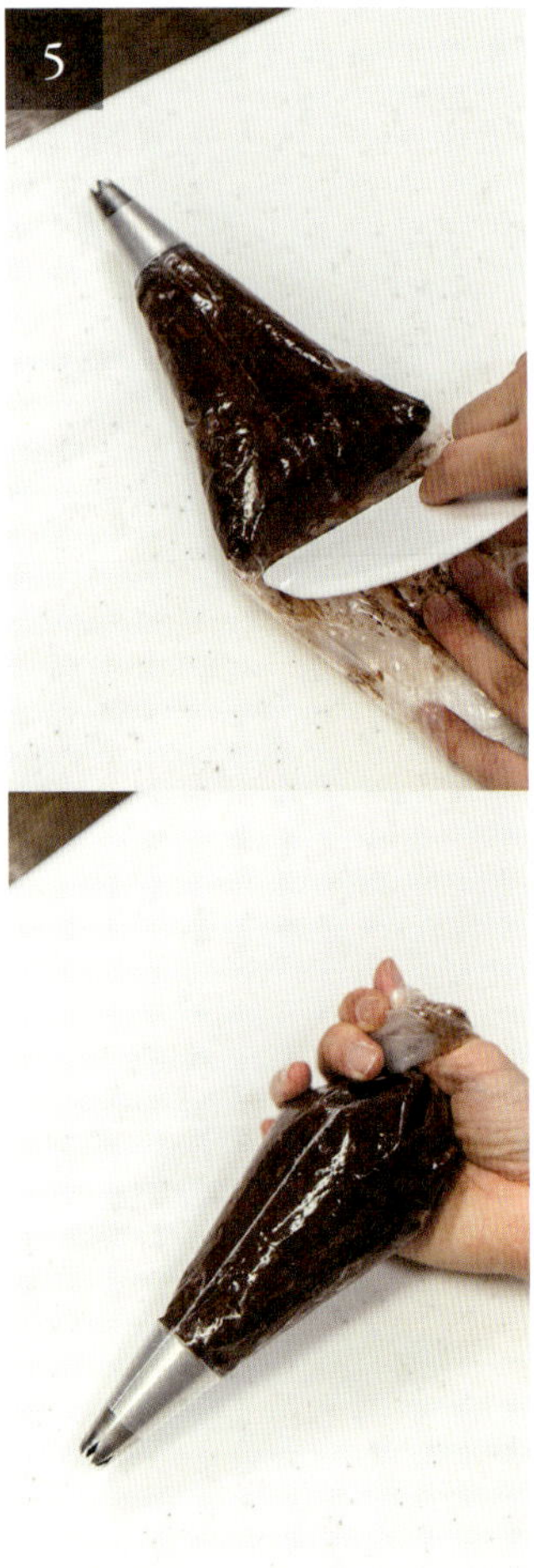

絞り袋に直径7㎜の星口金をつけ、生地を入れる。
Memo カードでしごいて生地を口金側に寄せると絞りやすい。生地はあまり多く詰めすぎない。多いと絞るときに手に負担がかかる。

6

天板にベーキングシートを敷き、生地を絞る。まず、真下に向かって少量を絞る。
Memo 寒い季節は、300Wの電子レンジで軽く温めてから絞る（温めすぎるとバターが溶けてしまう）。

【絞り出しクッキーのポイント】
◆何より絞り方が大切。絞るときのコツは、①最初に土台となる生地を垂直に絞り出す。②絞り口の高さをキープしたまま、土台の周りを時計回りに1周絞り出す。③流れを止めず、自然に絞り終える、こと。先に土台を作ることと、絞り口の高さを保つことが肝心。何度か練習するとできるようになる。

7

6で絞った分の周囲にぐるりと1周絞り、口金を素早く左に振り上げて生地を切る。

Memo 6・7は途中で生地を切らずに一連の動作で手早く絞る。

8

まん中にピスタチオナッツを少量ずつのせる。160℃のオーブンで25分ほど焼く。取り出して粗熱を取り、その後、ケーキクーラーに移して冷ます。

Cheese Cookies

チーズクッキー【絞り出し】

粉チーズをたっぷり混ぜ込んだ甘じょっぱいクッキーです。甘くコクのあるバター風味に、チーズの酸味、うまみ、塩気が加わって、あとをひく絶妙なおいしさです。

◉材料

(40個分)
薄力粉　105g
粉チーズ　25g
バター(食塩不使用)　95g
卵白(コシを切る)　15g
粉糖　40g
塩　1g

◉下準備

・薄力粉、粉チーズ、粉糖はそれぞれふるう。
・バター、卵白は室温にもどす。
・オーブンは160℃に予熱する。

◉作り方

1　ボウルにバターを入れ、ハンドミキサーの高速でクリーム状になるまで撹はんする。

2　粉糖と塩を混ぜ合わせて加え、ふんわりとして白っぽくなるまでしっかりと撹はんする。

3　卵白を加え、撹はんしてムラなく混ぜる。

4　薄力粉と粉チーズを混ぜ合わせて加え、ゴムべらで切るようにして練らずに混ぜる。混ぜ上がりはふんわりとしたやわらかさ。

5　絞り袋に直径7mmの星口金をつけ、生地を入れる。

6　天板にベーキングシートを敷き、生地を絞る。まず、前方に向かって1cmほど絞り(a)、その上を折り返して手前に2cmほど絞り(b)、口金を素早く手前にふって生地を切る。

Memo 途中で生地を切らずに一連の動作で手早く絞る。

7　160℃のオーブンで22分ほど焼く。取り出して粗熱を取り、その後、ケーキクーラーに移して冷ます。

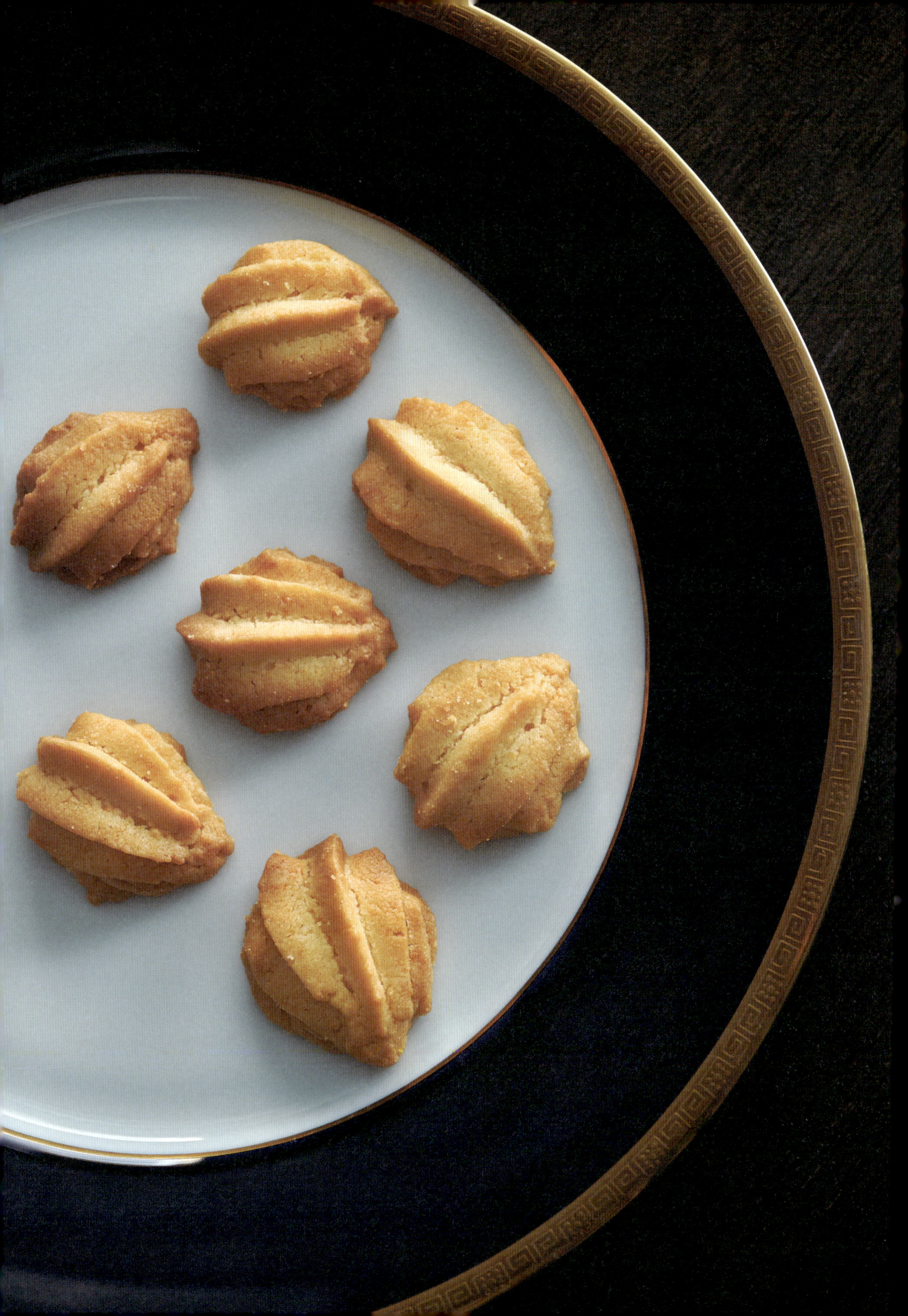

Column 1

器はお菓子の舞台

お菓子には、作り手のさまざまな思いが込められているものです。それはたとえば、初めて作るときのワクワク感だったり、作り慣れているお菓子をよりおいしくするための工夫だったり、だれかのために作っているという気持ちだったり……。そんな思いのこもったお菓子を私は〝作品〟としてとらえています。

一つひとつ異なる表情を持つ作品には、それぞれにふさわしい器があり、器選びはお菓子を作るのと同じくらい大切です。器に盛られたお菓子たちは、いわば練習を重ねたすえに発表会の舞台に立った演奏家のようなもの。ぜひお菓子たちのために、晴れの舞台を用意してあげましょう。器の選び方ひとつで、お菓子の印象は大きく変わるのですから。

シノノメの焼き菓子は、フランス風のマドレーヌやクッキー、イギリス風のスコーンやショートブレッド、アメリカ風のグラノーラ、イタリア風のマカロンなどいろいろあり、ジャンルを限定せずに作りたいものを作っています。器も同じです。多くは西欧のアンティークですが、中には日本や韓国などアジアの器もあり、店内の飾りも李朝の花瓶、日本の木彫りの置き物など、ジャンルを問わずに自分たちが好きなものを置いています。器選びのポイントは、お菓子がそれぞれ美しくおいしそうに見えること、そして、味や形との相性を考えて選ぶことだと思います。時には、器の形からお菓子の形をイメージすることもあります。

私も店のスタッフも、お客さまご自身の器使いや盛りつけ方にもとても興味があります。みなさんがシノノメのお菓子を通して器選びや盛りつけを楽しんでくださることが何よりの喜びであり、勉強にもなっています。

＊アンティークの器は骨董市、古物商、
インターネットショップ（http://mememe-brocante.com）などを通して入手しています。

抹茶のブールドネージュ
いちごのブールドネージュ

Green Tea Boule de Neige and Strawberry Boule de Neige

〝雪の玉〟という名の、ころんと丸いひと口クッキー。アーモンドパウダーたっぷりの生地を抹茶といちごで風味づけしました。口の中でホロッと砕ける軽いテクスチャーが魅力です。

◉材料

（各30個分）

【抹茶のブールドネージュ】

薄力粉　130g

アーモンドパウダー（皮なし）　45g

バター（食塩不使用）　90g

粉糖　40g

抹茶（粉末）　9g

【いちごのブールドネージュ】

薄力粉（エクリチュール）　140g

アーモンドパウダー（皮なし）　45g

バター（発酵）　90g

粉糖　50g

いちご顆粒（p.91参照）　15g

◉下準備（共通）

・薄力粉、アーモンドパウダー、粉糖、抹茶はそれぞれふるう。

・バターは室温にもどす。

・オーブンは160℃に予熱する。

◉抹茶のブールドネージュの作り方

1　ボウルにバターを入れ、泡立て器でクリーム状になるまで混ぜる。

2　粉糖を加え、白っぽくなるまでしっかりと泡立てる。

3　薄力粉、アーモンドパウダー、抹茶を混ぜ合わせて加え、ゴムべらで切るようにして練らずに混ぜる。

4　ひとまとめにしてラップに包み、麺棒で2cm厚さの四角形に整える。冷蔵庫で最低20分休ませる。

5　包丁で2cm幅の角棒状に切り、10gのさいころ形に切る（a）。

6　指先で角を順々につぶしていく（b）。角がなくなったら、転がしてボール状に丸める（c）。

7　160℃のオーブンで15～20分焼く。取り出して粗熱を取り、その後、ケーキクーラーに移して冷ます。

◉いちごのブールドネージュの作り方

1　抹茶のブールドネージュの1・2と同様にする。

2　薄力粉とアーモンドパウダーを混ぜ合わせて加え、ゴムべらで切るようにして練らずに混ぜる。粉が完全に混ざりきる前に、いちご顆粒を加えて完全に混ぜ上げる。

3　抹茶のブールドネージュの4～7と同様にする。

a

b

c

きなこのブールドネージュ

Kinako Boule de Neige

きなこ風味の生地に香ばしく焼いたスライスアーモンドを混ぜ入れて、食感と風味に変化をつけました。きなことナッツの相性のよさを実感していただけるはずです。お茶と一緒にどうぞ。

◉材料

(30個分)

薄力粉　120g

アーモンドパウダー(皮なし)　45g

バター(発酵)　90g

粉糖　50g

きなこ　20g

スライスアーモンド　20g

◉下準備

・スライスアーモンドは150℃のオーブンで20分焼き、室温に冷ます。

・薄力粉、アーモンドパウダー、粉糖、きなこはそれぞれふるう。

・バターは室温にもどす。

・オーブンは160℃に予熱する。

◉作り方

1　ボウルにバターを入れ、泡立て器でクリーム状になるまで混ぜる。

2　粉糖を加え、白っぽくなるまでしっかりと泡立てる。

3　薄力粉、アーモンドパウダー、きなこを混ぜ合わせて加え、ゴムべらで切るようにして練らずに混ぜる。粉が完全に混ざりきる前に、スライスアーモンドを加えて混ぜ上げる。

4　ひとまとめにしてラップに包み、麺棒で2cm厚さの四角形に整える。冷蔵庫で最低20分休ませる。

5　包丁で2cm幅の角棒状に切り、10gのさいころ形に切る。

6　指先で角を順々につぶしていく。角がなくなったら、転がしてボール状に丸める。

7　160℃のオーブンで15～20分焼く。取り出して粗熱を取り、その後、ケーキクーラーに移して冷ます。

フロランタン

Florentins

全粒粉入りの深い味わいのクッキー生地を分厚く焼いて、アーモンドヌガーを流し合わせます。この厚みだからこそ、焼き上がりがガリガリとかたくならず、ホロッ、サクッと心地よい口あたりになるのです。濃厚なアーモンドヌガーとの相性が抜群です。

◉材料

(21×10cmの角セルクル1台分)

クッキー生地

薄力粉　70g
全粒粉　20g
アーモンドパウダー(皮なし)　20g
バター(発酵)　60g
全卵(溶きほぐす)　10g
粉糖　40g

アーモンドヌガー

スライスアーモンド　30g
バター(発酵)　15g
グラニュー糖　13g
塩　1g
はちみつ　10g
生クリーム(乳脂肪分35%)　15g

◉下準備

・スライスアーモンドは150℃のオーブンで20分焼き、室温に冷ます。
・薄力粉、全粒粉、アーモンドパウダー、粉糖はそれぞれふるう。
・バター、卵は室温にもどす。
・オーブンは180℃に予熱する。

◉作り方

クッキー生地を作る。

1　ボウルにバターを入れ、ゴムべらで練ってなめらかなクリーム状にする。粉糖を加えてムラなく混ぜる。

2　卵を2回に分けて加え、そのつどしっかりと混ぜて乳化させる。

3　薄力粉、全粒粉、アーモンドパウダーを混ぜ合わせて加え、切るようにして練らずに混ぜる。

4　ひとまとめにしてラップに包み、麺棒である程度のばし、ルーラーを使って1cm厚さの、角セルクルで抜ける大きさにのばす。冷蔵庫で最低20分休ませる。

5　21×10cmの角セルクルで生地を抜き、ベーキングシートを敷いた天板にセルクルごとのせ、フォークで小さな穴をたくさんあける。

6　180℃のオーブンで20分ほど焼いて取り出す(a)。

アーモンドヌガーを作る。

7　鍋にスライスアーモンド以外の材料を入れて中火にかける。ふつふつと煮立ち、とろみがついたら火を止める。

8　スライスアーモンドを加え、ゴムべらで割らないようにやさしくからめる(b)。

仕上げる。

9　8が熱いうちに6の上にのせて隅々まで広げる(c)。

10　170℃に予熱したオーブンで45分ほど焼く。表面がキャラメル色になったら焼き上がり。

Memo 生地が厚いため、焼き時間が長い。途中で天板の向きを何度か変えて焼きムラを防ぐ。

11　すぐにセルクルを外し(d)、温かいうちに波刃包丁を前後に動かしながら、好みの形に切り分ける。ケーキクーラーにのせて冷ます。

a

b

c

d

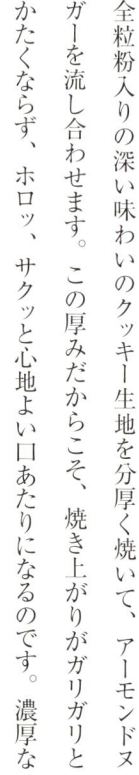

Pecan Nut Blocks

ピーカンブロック

生地には発酵バターがたっぷり。香ばしくてサクサクとして、ブラウンシュガーのコクもきいています。素朴で食べ飽きないおいしさがだれからも愛され、シノノメのスタッフの一番人気。ブラックコーヒーによく合います。

◉材料

(9×3cm 14本分)
薄力粉　220g
コーンスターチ　30g
アーモンドパウダー(皮なし)　35g
バター(発酵)　200g
卵黄　1個分
ブラウンシュガー(p.91参照)　150g
塩　2.5g
牛乳　10g
ピーカンナッツ　120g

◉下準備

・ピーカンナッツは150℃のオーブンで20分焼き、室温に冷ます。
・薄力粉、コーンスターチ、アーモンドパウダー、ブラウンシュガーはそれぞれふるう。
・バター、卵黄、牛乳は室温にもどす。
・オーブンは180℃に予熱する。

◉作り方

1　ピーカンナッツはフードプロセッサーで小さなかたまりが残る程度に砕く。

2　ボウルにバターを入れ、ゴムべらで練ってなめらかなクリーム状にする。ブラウンシュガーを加えてムラなく混ぜる。

3　[2]に卵黄と牛乳を加え、しっかりと混ぜて乳化させる。

4　薄力粉、コーンスターチ、アーモンドパウダー、塩を混ぜ合わせ、[3]に加えて切るようにして練らずに混ぜる。

5　粉が完全に混ざりきる前に、[1]を加えて混ぜ上げる。

6　ひとまとめにしてラップに包み、麺棒である程度のばし、ルーラーを使って1.5cm厚さにのばす。冷蔵庫で最低20分休ませる。

7　9×3cmの角セルクルで生地を抜き、ベーキングシートを敷いた天板に並べる。

8　角セルクルの内側にバター（分量外）を塗り(a)、生地にはめる(b)。

Memo 生地がやわらかいため、セルクルなしで焼くと形を保てない。

9　180℃のオーブンで25分ほど焼く。取り出して粗熱を取り、その後ケーキクーラーに移して冷ます。

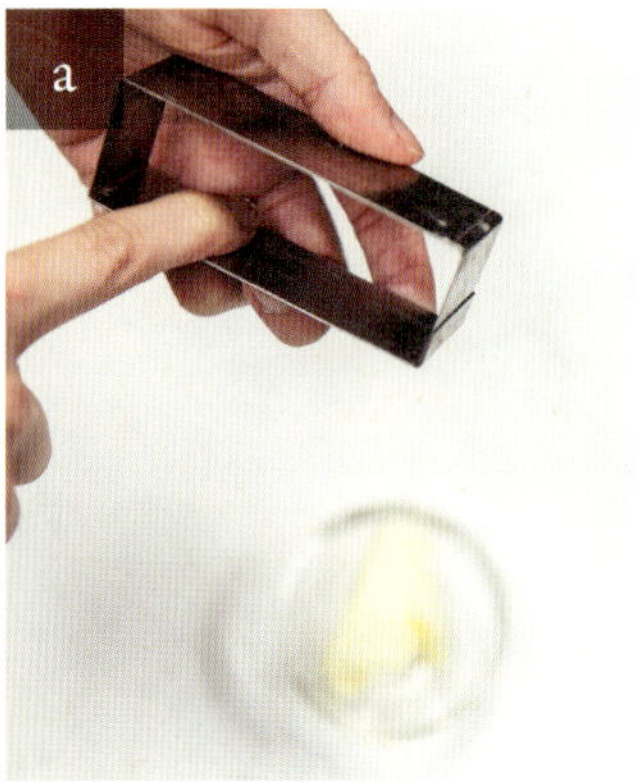

ガレットブルトンヌ

Gallettes Bretonnes

発酵バターのおいしさをそのまま味わう、かすかに塩気のあるクッキー。ゆで卵の黄身を混ぜることで、ホロホロとした食感に。つや出し卵に混ぜたコーヒーエキストラは風味づけではなく、色出しのため。3本線は私が好きな山のイメージです。

◉材料

(直径6cm 10個分)

薄力粉(エクリチュール)　150g

コーンスターチ　25g

バター(発酵)　190g

ゆで卵黄　5g

粉糖　45g

塩　2.5g

つや出し卵

- 卵黄　2個分
- コーヒーエキストラ(5倍濃縮、p.91参照)　2g
- 牛乳　5g

◉下準備

・薄力粉、コーンスターチ、粉糖はそれぞれふるう。

・バターは室温にもどす。

・オーブンは170℃に予熱する。

◉作り方

1　ゆで卵黄はざるでこす(a)。

2　ボウルにバターを入れ、ゴムべらで練ってなめらかなクリーム状にする。粉糖を加えてムラなく混ぜ、[1]も加えて混ぜ合わせる。

Memo ゆで卵黄を加えると、ホロホロとした食感になる。

3　薄力粉、コーンスターチ、塩を混ぜ合わせて加え、切るようにして練らずに混ぜる。

Memo 粉の量に対してバターが多いため、生地はとてもやわらかい。

4　ひとまとめにしてラップに包み、麺棒である程度のばし、ルーラーを使って1.5cm厚さにのばす。冷蔵庫で最低1時間休ませる。

5　直径5.5cmのセルクルで抜き、シルパンを敷いた天板に並べる。

6　つや出し卵の材料を混ぜ合わせ、生地の上面に刷毛で塗る。乾いたら、もう一度塗る(b)。

7　ようじで3本の波形の線を描く(c)。

8　直径6cmのセルクルをはめ(d)、170℃のオーブンで45分ほど焼く。取り出して粗熱を取り、その後ケーキクーラーに移して冷ます。

Memo 生地が厚いため、焼き時間が長い。途中で天板の向きを何度か変えて焼きムラを防ぐ。焼き上がりの厚みの目安は2cm。

a

b

c

d

maple nuts granola
グラノーラ ショコラ
グラノーラ・ほうじ茶

キャロットケーキ
レモンケーキ
クロワッサン

ジャスミンのパウンドケーキ

Jasmine Tea Pound Cake

【シュガー・バッター法】

シノノメでは、パウンドケーキを2つの製法で作り分けています。ひとつは、バターと砂糖をふんわりと白っぽくなるまで泡立てるシュガー・バッター法。スポンジケーキに近い、ソフトな食感になります。もうひとつは、バターを溶かして混ぜ入れる、溶かしバター法。どっしりとして、きめ細かな食感になります。

このジャスミンのケーキは、シュガー・バッター法で作っています。生地の基本材料である薄力粉、バター、卵、砂糖はほぼ同割です。

この配合をシュガー・バッター法で作ると、卵が分離してしまうことがあります。それを防ぐために大切なのが、卵をしっかりと室温にもどしておくこと。卵が冷たいままだとバターが冷えて締まり、分離してしまいます。また、気温の低い時季には、卵を湯せんで人肌に温めるとよいでしょう。もし分離しそうになったら、途中で粉を少量加えると混ざりやすくなります。多少の分離なら、粉と合わせたときにうまくつなげれば問題ありません。

このケーキには、ジャスミン茶の粉末茶葉を焼き込み、仕上げに茶葉を煮出したシロップをしみ込ませています。ひと口食べるだけでお茶の風味が口いっぱいに広がります。

ジャスミンのパウンドケーキ

◉材料

(20×6.5×高さ8㎝のパウンド型1台分)

薄力粉　130g

ベーキングパウダー　3g

バター(食塩不使用)　140g

全卵(溶きほぐす)　130g

グラニュー糖　130g

牛乳　15g

ジャスミン茶の茶葉　7g

ジャスミンシロップ(以下から適量使用*)

- 水　100g
- グラニュー糖　30g
- ジャスミン茶の茶葉　10g

*余った分は冷蔵庫で1週間保存可能。水や牛乳で割るなど飲み物にも利用できる。

◉下準備

・薄力粉はふるう。

・バター、卵は室温にもどす(冬季は卵を湯せんで人肌に温める)。

・型にベーキングシートを敷く。

・オーブンは180℃に予熱する。

生地用のジャスミン茶の茶葉をミルサーで細かく粉砕する。

ボウルに薄力粉、ベーキングパウダー、[1]を入れ、ムラなく混ぜる。

別のボウルにバターを入れ、ハンドミキサーの高速でクリーム状になるまで撹はんする。

[3]にグラニュー糖を加え、ふんわりとして白っぽくなるまでしっかりと撹はんする。

Memo グラニュー糖のジャリジャリ感がなくなるまで撹はんし続ける。

[4]に卵を3回に分けて加え、そのつどムラなくなじむまで撹はんし、クリーム状にする。

Memo 卵が混ざるにつれて生地が重たくなる。分離しかかったら、[2]を大さじ1～2入れて調整する。

[5]に牛乳を加え、なじませる。

[6]に[2]を加え、ゴムべらで切るようにして練らずにムラなく混ぜる。つやが出てきたら混ぜ上がり。

Memo 生地を切るようにへらを立てて差し入れ、面を使って底にたまった材料をすくい上げ、表面にのせる。

準備した型に、[7]をゴムべらですくい入れる。

Memo しっかりつながった生地は、写真のようにつやがある。

ゴムべらを立てて差し入れて底にトントンと当て、型の隅々まで生地をゆきわたらせる。

生地の表面をならす。両端はふちギリギリに、中央を低くして弧を描く。

Memo 中央は焼くと大きくふくらんで火通りが悪くなるため、あらかじめ低くしておく。

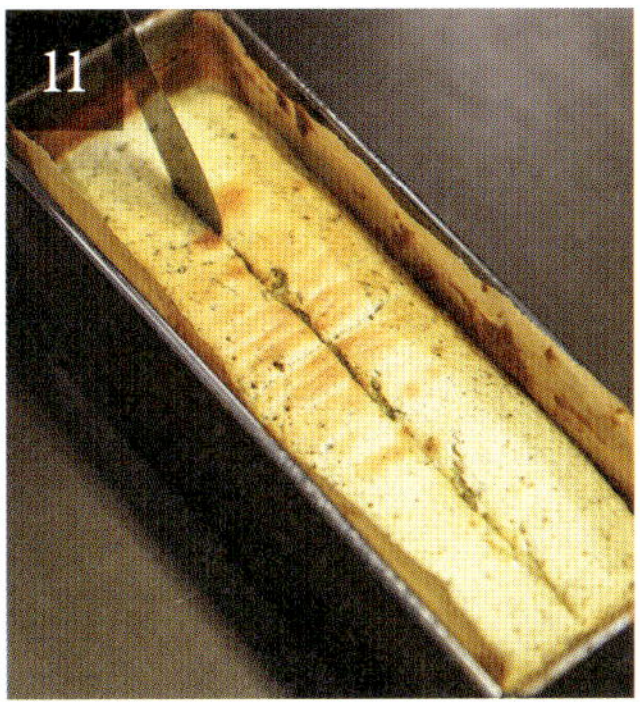

天板にのせ、180℃のオーブンで12分ほど焼く。表面が焼き固まってきたら、いったん取り出し、まん中に浅い切り目を1本入れ、さらに30分ほど焼く。

ジャスミンシロップを作る。鍋に水とグラニュー糖を入れて沸騰させ、火を止めてジャスミン茶の茶葉を入れ、すぐにふたをして3〜5分ほど蒸らす。茶葉が開いたら、渋みが出る前に茶こしでこす。

Memo 茶葉の種類により蒸し時間が変わる。球状の葉なら半開きが目安。茶葉を絞るとえぐみが出るので自然にまかせてこす。時間がたつにつれて香りが薄くなるため、焼き上がる直前に作る。

焼き上がった[11]を取り出し、すぐに型の底を台に軽く打ちつけて蒸気を抜き、型から取り出してシートをはがし、ケーキクーラーにのせる。熱いうちに、上面と側面に刷毛で[12]をたっぷりと塗ってしみ込ませる。

焼いた日よりも翌日、さらに翌々日のほうが、しっとりとなじんで味わいが増す。

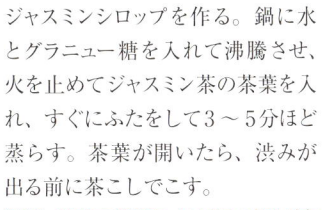

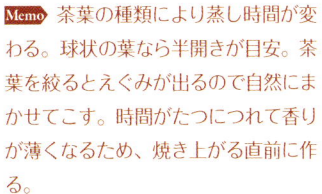

栗コーヒーパウンドケーキ【シュガー・バッター法】

Chestnut and Coffee Pound Cake

コーヒー風味の生地に、栗の渋皮煮とマロングラッセを焼き込みました。香ばしい茶色が秋らしく、たっぷりとしみ込ませたラム酒がふわりと香ります。栗をチョコレートに置き換えてもおいしく作れます。

●材料

(20×6.5×高さ8cmのパウンド型1台分)
薄力粉　130g
ベーキングパウダー　3g
バター(発酵)　120g
全卵(溶きほぐす)　120g
グラニュー糖　100g
コーヒーエキストラ(5倍濃縮、p.91参照)　12g
ラム酒　10g
マロングラッセ(粗く刻む)　50g
栗の渋皮煮(4等分に切る)　60g

仕上げ用

ラム酒　30g
水　15g

●下準備

・薄力粉はふるう。
・バター、卵は室温にもどす(冬季は卵を湯せんで人肌に温める)。
・型にベーキングシートを敷く。
・オーブンは180℃に予熱する。

●作り方

1　ボウルにバターを入れ、ハンドミキサーの高速でクリーム状になるまで撹はんする。

2　グラニュー糖を加え、ふんわりとして白っぽくなるまでしっかりと撹はんする(a)。

3　卵を3回に分けて加え、そのつどムラなくなじむまで撹はんし、クリーム状にする(b)。

4　薄力粉とベーキングパウダーをムラなく混ぜて3に加え、ゴムべらで切るようにして練らずに混ぜる。粉が完全に混ざりきる前に、コーヒーエキストラとラム酒、マロングラッセを加え、つやが出るまでしっかりと混ぜる。

5　準備した型に生地を入れ、ゴムべらを立てて差し入れて底にトントンと当て、型の隅々まで生地をゆきわたらせる。

6　栗の渋皮煮を軽く埋め込む。生地の表面をならす。両端はふちギリギリに、中央を低くして弧を描くように。

7　天板にのせ、180℃のオーブンで12分ほど焼く。表面が焼き固まってきたらいったん取り出し、まん中に浅い切り目を1本入れ、さらに30分ほど焼く。

8　取り出してすぐに型の底を台に軽く打ちつけて蒸気を抜き、型から取り出してシートをはがし、ケーキクーラーにのせる。

9　仕上げ用のラム酒と水を混ぜ合わせ、ケーキが熱いうちに上面と側面に刷毛でたっぷりと塗ってしみ込ませる。そのまま粗熱を取る。

a

b

Strawberry and White Chocolate Pound Cake

いちごとホワイトチョコのパウンドケーキ【シュガー・バッター法】

イメージはいちごミルク。プレーンな生地といちご生地を混ぜてマーブル状に仕立て、ホワイトチョコレートで雪が積もったようにコーティング。しっかり甘くてしっとりとして、幼い子どものお客さまにも人気です。

◉材料

(20×6.5×高さ8cmのパウンド型1台分)
薄力粉　140g
ベーキングパウダー　3g
バター(食塩不使用)　140g
全卵(溶きほぐす)　110g
グラニュー糖　110g
塩　0.5g
いちごピューレ(p.91参照)　40g
冷凍ラズベリー　20g
コーティング用ホワイトチョコレート　100g
ラズベリー顆粒(p.91参照)　適量

◉下準備

・薄力粉はふるう。
・バター、卵は室温にもどす(冬季は卵を湯せんで人肌に温める)。
・いちごピューレと冷凍ラズベリーを合わせ、室温にもどす。
・型にベーキングシートを敷く。
・オーブンは180℃に予熱する。

◉作り方

1　ボウルにバターを入れ、高速のハンドミキサーでクリーム状になるまで撹はんする。

2　グラニュー糖を加え、ふんわりとして白っぽくなるまでしっかりと撹はんする。

3　卵を3回に分けて加え、そのつどムラなくなじむまで撹はんし、クリーム状にする。

4　薄力粉とベーキングパウダー、塩をムラなく混ぜて加え、ゴムべらで切るようにして練らずに混ぜる。つやが出るまでしっかりと混ぜる。

5　合わせておいたいちごピューレとラズベリーに、生地の1/3を加え、練らずに混ぜる。

6　準備した型に[4]と[5]を交互に流し入れて5層にする(a)。

7　ゴムべらを立てて差し入れて底にトントンと当て、型の隅々まで生地をゆきわたらせると同時に、生地をマーブル模様にする(b)。

8　生地の表面をならす。両端はふちギリギリに、中央を低くして弧を描くように。

9　天板にのせ、180℃のオーブンで12分ほど焼く。表面が焼き固まってきたらいったん取り出し、まん中に浅い切り目を1本入れ、さらに30分ほど焼く。

10　取り出してすぐに型の底を台に軽く打ちつけて蒸気を抜き、型から取り出してシートをはがし、ケーキクーラーにのせて完全に冷ます。

11　コーティング用ホワイトチョコレートを湯せんで溶かし、冷めたケーキにかける。チョコレートが固まる前に、ラズベリー顆粒をトッピングする。

a

b

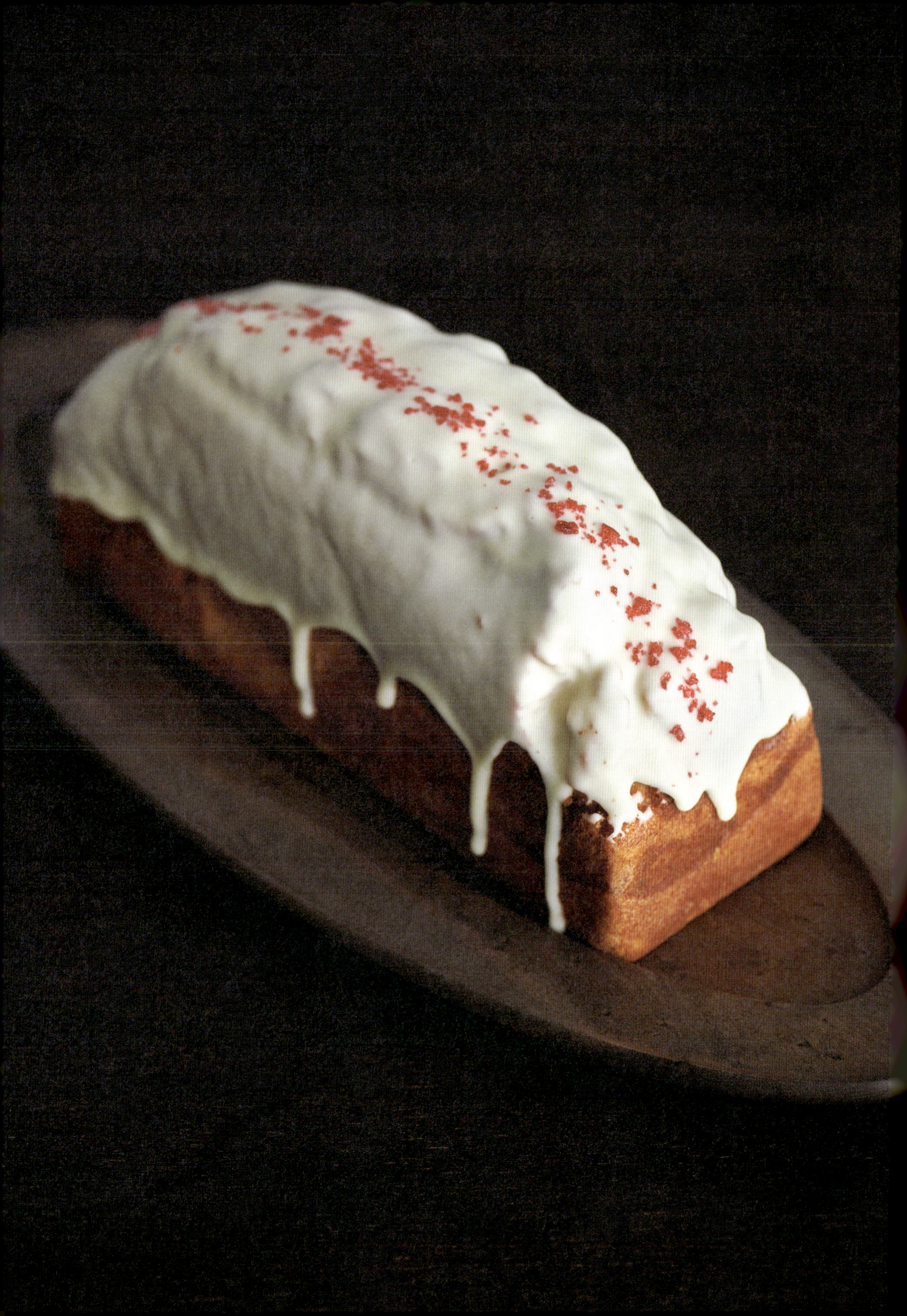

ラベンダーカモミールケーキ

Lavender and Chamomile Cake

【シュガー・バッター法】

はちみつでしっとりとさせた生地に、ハーブティー用のドライラベンダーとカモミールをごく少量焼き込みました。ホワイトチョコレートの甘みの余韻に、ほんのりとかすかに花の香りが重なります。

●材料

(20×6.5×高さ8cmのパウンド型1台分)

薄力粉　140g
ベーキングパウダー　3g
バター(食塩不使用)　140g
全卵(溶きほぐす)　140g
グラニュー糖　110g
オレンジゼスト(p.91参照)　5g
はちみつ　10g
牛乳　10g
ラベンダー(ドライ、p.78参照)　1g
カモミール(ドライ、p.78参照)　1g
コーティング用ホワイトチョコレート
　100g

●下準備

・薄力粉はふるう。
・バター、卵は室温にもどす(冬季は卵を湯せんで人肌に温める)。
・型にベーキングシートを敷く。
・オーブンは180℃に予熱する。

●作り方

1　ラベンダーは茎や葉があれば取り除き、カモミールとともにミルサーで軽くひく。

2　ボウルに薄力粉、ベーキングパウダー、[1]を入れ、ムラなく混ぜる。

3　別のボウルにバターを入れ、ハンドミキサーの高速でクリーム状になるまで撹はんする。

4　[3]にグラニュー糖を加え、ふんわりとして白っぽくなるまでしっかりと撹はんする。

5　[4]にオレンジゼスト、はちみつ、牛乳を順に加え、そのつど撹はんしてなじませる。

6　[5]に卵を3回に分けて加え、そのつどムラなくなじむまで撹はんしてクリーム状にする。

7　[6]に[2]を加え、ゴムべらで切るようにして練らずに混ぜる。つやが出てきたら混ぜ上がり。

8　準備した型に入れ、ゴムべらを立てて差し入れて底にトントンと当て、型の隅々まで生地をゆきわたらせる。

9　生地の表面をならす。両端はふちギリギリに、中央を低くして弧を描くように。

10　天板にのせ、180℃のオーブンで12分ほど焼く。表面が焼き固まってきたら、いったん取り出し、まん中に浅い切り目を1本入れ、さらに30分ほど焼く。

11　取り出してすぐに型の底を台に軽く打ちつけて蒸気を抜き、型から取り出してシートをはがし、ケーキクーラーにのせて完全に冷ます。

12　コーティング用ホワイトチョコレートを湯せんで溶かし、冷めたケーキにかける。チョコレートが固まる前に、カモミール(ドライ・分量外)をトッピングする。

Fig and Caramel Cake

いちじくとキャラメルのケーキ【溶かしバター法】

焦がしバターとキャラメルソースが、生地を深い茶色に染め上げます。キャラメルソースの焦がしぐあいはお好みで。苦めがお好みなら、ギリギリまで焦がしてみましょう。ホイップクリームを添えて召し上がれ。

●材料
(20×6.5×高さ8cmのパウンド型1台分)

薄力粉　120g
ベーキングパウダー　3g
バター(食塩不使用)　100g
全卵(溶きほぐす)　100g
グラニュー糖　85g
キャラメルソース(以下から85g 使用)
- グラニュー糖　75g
- 塩　1g
- 水　15g
- 生クリーム(乳脂肪分35%)　50g

ラム酒漬けいちじく*(食べやすく切る)　50g
*ドライいちじくをラム酒にひと晩以上漬けたもの。

●下準備
・薄力粉はふるう。
・卵は室温にもどす(冬季は卵を湯せんで人肌に温める)。
・生クリームは室温にもどす。
・型にベーキングシートを敷く。
・オーブンは180℃に予熱する。

●作り方
1　焦がしバターを作る。鍋にバターを入れて強めの中火にかける。しばらくするとブクブクと大きな泡が立ち、徐々に小さくなってビールの泡のようにきめ細かくなる。バターが焦げ茶色になって香ばしい香りになったら、すぐにボウルに移し、40～45℃まで冷ます(a)。

2　キャラメルソースを作る。鍋にグラニュー糖、塩、水を入れて強めの中火にかける。焦げ茶色に色づいてきたら火を消し、生クリームを3回に分けて木べらに伝わせて加え(b)、そのつど混ぜてなじませる。

Memo 生クリームを加えると温度が下がり、それ以上焦げなくなる。生クリームを常温にもどしてから加えると、はねない。

3　ボウルに卵を入れて泡立て器でコシを切り、グラニュー糖を加えてすり混ぜて溶かす。

Memo ふんわり泡立てる必要はなく、グラニュー糖が溶ければよい。

4　3に2を加え、混ぜてなじませる。

5　薄力粉とベーキングパウダーをムラなく混ぜて4に加え、泡立て器で粉が見えなくなるまで混ぜる。

6　40～45℃の1を3回に分けて加え、そのつど混ぜてなじませる。

7　準備した型に入れ、ゴムべらを立てて差し入れて底にトントンと当て、型の隅々まで生地をゆきわたらせる。

8　ラム酒漬けいちじくを軽く埋め込み、生地の表面をならす。

9　天板にのせ、180℃のオーブンで12分ほど焼く。表面が焼き固まってきたら、いったん取り出し、まん中に浅い切り目を1本入れ、さらに30分ほど焼く。

10　取り出してすぐに型の底を台に軽く打ちつけて蒸気を抜き、型から取り出してシートをはがし、ケーキクーラーにのせて粗熱を取る。

b

a

レモンケーキ

Lemon Cake

【溶かしバター法】

レモンのさわやかな酸味にサワークリームのやわらかな酸味を重ね、溶かしバター法できめ細かく、しっとりと仕立てます。アイシングは甘くなりすぎないよう、薄くかけましょう。冷やして食べるのもおすすめです。

◉材料

(20×6.5×高さ8cmのパウンド型1台分)

薄力粉　140g
ベーキングパウダー　3g
バター(発酵)　100g
サワークリーム　70g
全卵(溶きほぐす)　140g
グラニュー糖　140g
レモンの皮(すりおろし)　1/2個分
レモン汁*　30g

アイシング

- レモン汁　20g
- 牛乳　10g
- 粉糖　150g

ピスタチオナッツ(みじん切り)　適量

*搾りたてもよいが、酸味を強くしたい場合は市販のレモン汁を使う。

◉下準備

・薄力粉、粉糖はふるう。
・サワークリーム、卵は室温にもどす(冬季は卵を湯せんで人肌に温める)。
・型にベーキングシートを敷く。
・オーブンは180℃に予熱する。

◉作り方

1　鍋にバターを入れ、強めの中火にかけて溶かし、40～45℃に保つ。

2　ボウルにサワークリームを入れ、ゴムべらで練ってやわらかくし、すりおろしたレモンの皮を加えて混ぜ合わせる。

3　別のボウルに卵を入れて泡立て器でコシを切り、グラニュー糖を加えてすり混ぜて溶かす。

4　2に3を加え、混ぜてなじませる。

5　薄力粉とベーキングパウダーをムラなく混ぜて4に加え、泡立て器で粉が見えなくなるまで混ぜる。

6　1にレモン汁を混ぜて40℃程度にし、5に3回に分けて加え、そのつど混ぜてなじませる。

7　準備した型に入れ、ゴムべらを立てて差し入れて底にトントンと当て、型の隅々まで生地をゆきわたらせる。

8　天板にのせ、180℃のオーブンで12分ほど焼く。表面が焼き固まってきたら、いったん取り出し、まん中に浅い切り目を1本入れ、さらに30分ほど焼く。

9　アイシングを作る。ボウルに材料を入れ、ゴムべらでとろりとするまで混ぜ合わせる。

10　8が焼けたら取り出し、すぐに型の底を台に軽く打ちつけて蒸気を抜き、型から取り出してシートをはがし、ケーキクーラーにのせて完全に冷ます。

11　冷めたケーキに9をかけ(a)、固まる前にピスタチオナッツをトッピングする(b)。

Memo　ケーキを逆さにしてアイシングに浸してもよい。

12　アイシングの表面が乾いたら、200℃に予熱したオーブンに1分入れて取り出す。シャリッと固まり、透明感が出る。

b

a

Brandy Cake

ブランデーケーキ【溶かしバター法】

ブランデーの深い香りにオレンジの華やかな香りを重ねた、しっとりとした大人のケーキ。お酒が苦手な人でも食べられるやさしい洋酒ケーキを目指して作りました。

◉材料

(20×6.5×高さ8cmのパウンド型1台分)

薄力粉　140g
ベーキングパウダー　3g
バター(発酵)　140g
全卵(溶きほぐす)　110g
グラニュー糖　110g
ブランデー　30g
オレンジピール(細かく刻む)　30g

ブランデーシロップ

- ブランデー　30g
- 水　15g

◉下準備

・薄力粉はふるう。
・卵は室温にもどす(冬季は卵を湯せんで人肌に温める)。
・型にベーキングシートを敷く。
・オーブンは180℃に予熱する。

◉作り方

1　鍋にバターを入れ、強めの中火にかけて溶かし、40～45℃に保つ。

2　ボウルに卵を入れて泡立て器でコシを切り、グラニュー糖を加えて少しふんわりとするまで混ぜ合わせる。

3　薄力粉とベーキングパウダーをムラなく混ぜて[2]に加え、泡立て器で粉が見えなくなるまで混ぜる。

4　ブランデーを加えてなじませる。

5　[4]に40～45℃の[1]を3回に分けて加え、そのつど混ぜてなじませる。

6　準備した型に入れ、ゴムべらを立てて差し入れて底にトントンと当て、型の隅々まで生地をゆきわたらせる。

7　オレンジピールを軽く埋め込む。

8　天板にのせ、180℃のオーブンで12分ほど焼く。表面が焼き固まってきたら、いったん取り出し、まん中に浅い切り目を1本入れ、さらに30分ほど焼く。

9　ブランデーシロップを作る。小鍋に材料を入れて火にかけ、3分沸騰させてアルコールを飛ばす。

10　[8]が焼けたら取り出し、すぐに型の底を台に軽く打ちつけて蒸気を抜き、型から取り出してシートをはがし、ケーキクーラーにのせる。

11　ケーキが熱いうちに熱い[9]を上面と側面に刷毛でたっぷりと塗ってしみ込ませる。すぐにラップに包み、冷めたら冷蔵する。

Memo 3、4日後から食べるのがおすすめで、毎日味の変化が楽しめる。1週間後頃がアルコールが抜けて香りが立ち、一番の食べ頃。冷蔵庫で約2週間保存できる。

Banana Cake

バナナケーキ【溶かしバター法】

バナナの風味に紅茶、カルダモン、ミントの香りを重ねた、ひと味違う大人のバナナケーキ。全粒粉を配合しているので生地がむっちりと固まらず、口の中でたやすくほぐれて、素材の香りが次々に顔を出します。

◉材料

(20×6.5×高さ8cmのパウンド型1台分)

薄力粉　100g
全粒粉　50g
ベーキングパウダー　3g
バター(食塩不使用)　90g
全卵(溶きほぐす)　60g
ブラウンシュガー　120g
バナナ(熟したもの)　180g
紅茶の茶葉(アールグレイなど好みで)　2g
カルダモン(パウダー)　1g
ミント(ドライ、p.91参照)　0.7g
くるみ　40g

◉下準備

・くるみは150℃のオーブンで20分焼き、室温に冷ました後、粗く刻む。
・薄力粉、全粒粉はふるう。
・卵は室温にもどす(冬季は卵を湯せんで人肌に温める)。
・型にベーキングシートを敷く。
・オーブンは180℃に予熱する。

◉作り方

1　紅茶の茶葉、ミントをミルサーで細かく粉砕し、カルダモンを混ぜる。

2　バナナはフォークなどでつぶし、[1]と混ぜる。

3　鍋にバターを入れ、強めの中火にかけて溶かし、40～45℃に保つ。

4　ボウルに卵を入れて泡立て器でコシを切り、ブラウンシュガーを加えて少しふんわりとするまで混ぜ合わせる。

5　[4]に[2]を加えて混ぜてなじませる。

6　薄力粉、全粒粉、ベーキングパウダーをムラなく混ぜて[5]に加え、泡立て器で粉が見えなくなるまで混ぜる。

7　[6]に40～45℃の[3]を3回に分けて加え、そのつど混ぜてなじませる。くるみを加えて、さっと混ぜる。

8　準備した型に入れ、ゴムべらを立てて差し入れて底にトントンと当て、型の隅々まで生地をゆきわたらせる。

9　天板にのせ、180℃のオーブンで12分ほど焼く。表面が焼き固まってきたら、いったん取り出し、まん中に浅い切り目を1本入れ、さらに35～40分ほど焼く。

10　取り出してすぐに型の底を台に軽く打ちつけて蒸気を抜き、型から取り出してシートをはがし、ケーキクーラーにのせて粗熱を取る。

Column 2

焼き菓子の上手な保存法

焼き菓子は生菓子に比べておいしく食べられる期間が長く、日を追うごとに変化していく味わいが楽しめます。この本のお菓子のほとんどは常温で5日から1週間くらいはおいしく食べられますが、パウンドケーキなど水分の多いお菓子は、夏場は冷蔵保存をおすすめしています。焼き菓子も鮮度が大事なので、おいしいうちに食べきってください。

●クッキー類

○クッキーは、焼きたてより室温にひと晩おいて味が落ち着いてからのほうがおいしい。

○フロランタンやガレットブルトンヌは、焼きたてもおいしい。

○クッキー類は他の焼き菓子よりも日持ちがすると思われがちだが、食感や香りが失われやすく、他のお菓子よりも風味が落ちるのが早い。サクッ、ホロッとした食感のクッキーほど湿気やすいため、粗熱が取れたら乾燥剤とともに密閉容器に入れると1週間はおいしく食べられる（メレンゲ菓子類も同様）。

○保存する場合は、焼く前の生地をラップで包んで空気に触れさせないようにして冷凍する。食べる分をそのつど焼くのが風味の面ではベスト。

●パウンドケーキ

○常温で5日から1週間ほどはおいしく食べられる。

○夏は冷やして食べると生地がしっとりとジューシーになり、香り、酸味、ほろ苦さなどのフレーバーが増す。

○冷やして食べる場合は、薄く切るほうが口溶けがよくなり、よりおいしく味わえる。

○寒い季節には、温め直して食べると食感、風味が増す。トースターで焼くと表面がカリッと香ばしくなり、３００Ｗの電子レンジでさっと温めると全体的にふわっとして焼きたてのような状態になる。

○保存する場合は、ラップでぴっちりと包んで（切らずにかたまりのまま）、空気に触れさせないようにして冷蔵・冷凍庫に入れる。

●スコーン

○焼きたてがおいしいが、オーブンから出したばかりの熱々はかえって風味を感じにくい。表面の粗熱が取れて中はまだ温かいくらいが食べ頃。

○常温で2〜3日はおいしく食べられるが、冷めたらトースターで温めるとよい。分厚いので中心まで温めるには10分ほどかかり、そのまま焼くと焦げるため、上下をアルミホイルではさむ。

○保存する場合は、ラップで1個ずつぴっちりと包んで空気に触れさせないようにして、冷蔵・冷凍庫に入れる。

○焼く前の生地の保存は、冷蔵でひと晩くらいまでに。それ以上の保存や冷凍保存はおすすめしない。生地の層がギュッと詰まってしまい、焼いてもふっくらとしない。

プレーンスコーン

Plain Scones

スコーンは、焼き菓子の中でもとりわけシンプルなお菓子です。クッキーほど繊細ではないので、気軽に作ることができます。

軸となる材料は小麦粉ですが、どんな小麦粉をどんな配合で使うかによって、テクスチャーは大きく変わります。テクスチャーが変わると味や香りの感じ方も変わるので、配合はとても重要です。

私はいろいろ試したすえに、薄力粉、強力粉、そして全粒粉を同割で合わせるレシピにたどり着きました。薄力粉が多いとソフトになりすぎ、強力粉が多いと表面がガリッとかたくなってしまい、混ぜすぎるとパンのようになってしまいます。半々に混ぜることで、表面はカリッ、中がふわっとしてバランスがよいのです。全粒粉を混ぜたのは、焼くと小麦の香ばしい香りが立ち、ざっくりとした素朴な風合いが生まれるから。プチプチとした胚芽の食感もアクセントになります。生地をまとめるときは押し固めず、ボソボソしているくらいのほうが、サックリとした歯ごたえに仕上がります。

ジャムとクロテッドクリームを添える定番の食べ方もいいけれど、ミルクジャムもよく合います。ホイップクリームとゲランドの塩で食べるのもおすすめです。

プレーンスコーン

◉材料

（直径5.5cm 6個分）

- 薄力粉　100g
- 強力粉　100g
- 全粒粉　100g
- ベーキングパウダー　6g
- ブラウンシュガー　30g
- 塩　2.5g

バター（発酵）　90g

全卵（溶きほぐす）　30g

牛乳　100g

溶き卵（つや出し卵）　適量

◉下準備

・3種類の小麦粉は、大きなかたまりがあったらつぶす（ふるわない）。暑い時季は冷蔵庫で冷やす。

・バターは1cm角に切り、冷蔵庫で十分に冷やす。

・ボウルに卵と牛乳を入れ、ムラなく混ぜて冷蔵庫で冷やす。

・オーブンは200℃に予熱する。

ボウルにカッコでくくった粉類を入れ、ムラなく混ぜ合わせる。

[1]にバターを加え、粉類をまぶしながら指でつぶして細かくしていく。

バターのかたまりが細かくなったら、両手ですり合わせて粉状にする。

Memo バターが溶けるとベタついて粉状にならない。手早く作業することが大切。

ぎゅっと握ると形が保てるくらいが細かさの目安。

Memo バターが温まってしまったら、途中で冷蔵庫で冷やしてから作業する。

粉状になった生地の中央をくぼませ、準備した卵と牛乳を注ぎ入れる。カードを使って周りから粉類をかけ、練らずに切るようにして混ぜる。

粉が多少見えているくらいが、混ぜ上がりの目安。軽く寄せ集めてまとめる。

Memo 押し固めてきれいにまとめず、ボソボソしていてよい。このほうがサックリした歯ごたえに仕上がる。

ラップを大きく広げ、まん中に[6]を置く。

上にもラップをかけ、その上から麺棒をかけて2cm厚さの楕円形にのばす。

上のラップを取り、生地の長辺を両側から1/3ずつたたんで3つ折りにする。

生地の向きを90度回転させ、[8]・[9]を繰り返して再び3つ折りにする。生地を裏返し、整っていない両端を内側に押し込んで四角形に整える。この方法だと生地がまとまりやすく、無駄が出にくい。

再びラップではさみ、両脇に2cmのルーラーを置いて2cm厚さにのばす。冷蔵庫で最低20分休ませる。

Memo 厚さが2cm以上あったほうが、焼き上がりの側面が割れやすい。2.5cmあれば確実。

直径5.5cmのセルクルに打ち粉（強力粉・材料外）をつけ、[11]を抜く。

Memo 残った生地はひとまとめにし、2cm厚さにして、型抜きするか好みの大きさに切る（サックリ感はやや減る）。

天板にベーキングシートを敷き、[12]を並べる。上面に刷毛で溶き卵を塗る。200℃のオーブンで15分焼き、180℃に下げて8～10分焼く。ケーキクーラーにのせて冷ます。

包丁で切る場合は、端を切り落とし、定規で4.5cm間隔に印をつけ、4.5cm四方に切る。

Memo 断面ができることで、側面が割れやすくなる。

Hojicha Scones

ほうじ茶スコーン

ほうじ茶風味の生地にチョコレートでアクセント。素材のフレーバーを立たせるために全粒粉は使いません。質のよい茶葉を使い、2種のチョコチップを使うのがポイントです。

◉材料

(4.5㎝角6個分)

- 強力粉　145g
- 薄力粉　150g
- ベーキングパウダー　6g
- ほうじ茶パウダー(p.78参照)　7g
- ブラウンシュガー(p.91参照)　45g
- 塩　1g

バター(発酵)　90g
全卵(溶きほぐす)　30g
牛乳　110g
チョコチップ(黒・白)　計30g
溶き卵(つや出し卵)　適量

◉下準備

・2種類の小麦粉は、大きなかたまりがあったらつぶす(ふるわない)。暑い時季は冷蔵庫で冷やす。
・バターは1㎝角に切り、冷蔵庫で十分に冷やす。
・オーブンは200℃に予熱する。

◉作り方

1　ボウルに卵と牛乳を入れ、ムラなく混ぜて冷蔵庫で冷やす。
2　別のボウルにカッコでくくった粉類を入れ、ムラなく混ぜ合わせる。
3　p.70の[2]～[5]と同様にして生地を混ぜ、粉が残っている段階でチョコチップを加え混ぜる。
4　p.70・71の[6]～[11]と同様にして生地を整える。
5　生地の端を包丁で切り落とし、定規で4.5㎝間隔に印をつけ、4.5㎝四方に切る。
6　溶き卵を塗り、200℃で15分、180℃で8～10分焼いて冷ます。

Tea Scones

紅茶スコーン

紅茶風味の生地にオレンジピールでアクセント。紅茶は柑橘系の香りのアールグレイのほか、セイロン、アッサムなど、好みの種類でお試しください。包丁で切ると型抜きよりも生地の無駄が出ません。

◉材料

（4.5cm角 6個分）

- 強力粉　150g
- 薄力粉　150g
- ベーキングパウダー　6g
- ブラウンシュガー（p.91参照）　50g
- 塩　1g

紅茶の茶葉（アールグレイなど好みで）　6g

バター（発酵）　90g

全卵（溶きほぐす）　30g

牛乳　100g

オレンジピール（細かく刻む）　30g

溶き卵（つや出し卵）　適量

◉下準備

・2種類の小麦粉は、大きなかたまりがあったらつぶす（ふるわない）。暑い時季は冷蔵庫で冷やす。

・バターは1cm角に切り、冷蔵庫で十分に冷やす。

・オーブンは200℃に予熱する。

◉作り方

1　紅茶の茶葉はミルサーで細かく粉砕する。

2　ボウルに卵と牛乳を入れ、ムラなく混ぜて冷蔵庫で冷やす。

3　ボウルにカッコでくくった粉類、1を入れてムラなく混ぜ合わせる。

4　p.70の2〜5と同様にして生地を混ぜ、粉が残っている段階でオレンジピールを加え混ぜる。

5　p.70・71の6〜11と同様にして生地を整える。

6　生地の端を包丁で切り落とし、定規で4.5cm間隔に印をつけ、4.5cm四方に切る。

7　溶き卵を塗り、200℃で15分、180℃で8〜10分焼いて冷ます。

バタースコッチスコーン

Butterscotch Scones

バターキャラメル風味のリキュール〝バタースコッチ〟でフレーバーをつけました。表面にのっているのはあられ糖です。焼いても溶けず、カリッとした食感のアクセントになります。

◉材料

(4.5cm角 6個分)

- 強力粉　150g
- 薄力粉　150g
- ベーキングパウダー　6g
- ブラウンシュガー(p.91参照)　40g
- 塩　1g

バター(発酵)　90g
全卵(溶きほぐす)　30g
牛乳　75g
バタースコッチ(p.91参照)　25g
あられ糖　適量
溶き卵(つや出し卵)　適量

◉下準備

・2種類の小麦粉は、大きなかたまりがあったらつぶす(ふるわない)。暑い時季は冷蔵庫で冷やす。
・バターは1cm角に切り、冷蔵庫で十分に冷やす。
・オーブンは200℃に予熱する。

◉作り方

1　ボウルに卵、牛乳、バタースコッチを入れ、ムラなく混ぜて冷蔵庫で冷やす。

2　別のボウルにカッコでくくった粉類を入れ、ムラなく混ぜ合わせる。

3　p.70・71の2〜11と同様にする。

4　生地の端を包丁で切り落とし、定規で4.5cm間隔に印をつけ、4.5cm四方に切る。

5　溶き卵を塗り、あられ糖をのせる。200℃で15分、180℃で8〜10分焼いて冷ます。

栗とキャラメルスコーン

Chestnut and Caramel Scones

薄く固めたキャラメルを栗の渋皮煮とともに混ぜ込みました。固めてから混ぜることでキャラメルが生地全体になじまず、オーブンの中で溶け出します。冷めるとカリッとした食感に。

◉材料

（4.5cm角 6個分）

- 強力粉　150g
- 薄力粉　150g
- ベーキングパウダー　6g
- ブラウンシュガー（p.91参照）　30g
- 塩　1g

バター（発酵）　90g
全卵（溶きほぐす）　30g
牛乳　100g
栗の渋皮煮（4等分に切る）　30g
キャラメル（以下から20g 使用）

- グラニュー糖　75g
- 水　15g

溶き卵（つや出し卵）　適量

◉下準備

・2種類の小麦粉は、大きなかたまりがあったらつぶす（ふるわない）。暑い時季は冷蔵庫で冷やす。
・バターは1cm角に切り、冷蔵庫で十分に冷やす。
・オーブンは200℃に予熱する。

◉作り方

1　キャラメルを作る。小鍋にグラニュー糖と水を入れ、強めの中火で熱して焦げ茶色に焦がす。火から下ろして水少々（分量外）を加えてのばし、すぐにベーキングシートを敷いたバットにあけ、薄くのばす。冷え固まったら適当な大きさに割る。
2　ボウルに卵と牛乳を入れ、ムラなく混ぜて冷蔵庫で冷やす。
3　別のボウルにカッコでくくった粉類を入れ、ムラなく混ぜ合わせる。
4　p.70の[2]～[5]と同様にして生地を混ぜ、粉が残っている段階で栗の渋皮煮と[1]を20g 加え混ぜる。
5　p.70・71の[6]～[11]と同様にして生地を整える。生地の端を包丁で切り落とし、定規で4.5cm間隔に印をつけ、4.5cm四方に切る。
6　溶き卵を塗り、200℃で15分、180℃で8～10分焼いて冷ます。

Column 3

台湾のお茶文化と私のお菓子

私の故郷、台湾には、古くからお茶を嗜む文化があります。

来客があれば、まずはお茶でもてなしますし、台湾には冷たいお水を飲む文化がないので、レストランでも必ず温かいお茶が出されます。店によっては、3～4種類から選べるところもあります。

私にとって一番思い出深いお茶は、ジャスミン茶です。子どもの頃、よく遊びに行っていた友だちの家にジャスミンの木があり、花を摘んだものです。そのときのフレッシュな花の香りは鮮烈で、今でも覚えています。ジャスミン茶はさっぱりとしていて飲みやすいため、レストランでもよく出され、だれにとっても身近な存在です。

いっぽう、鉄観音やウーロン茶など風味が強めのお茶は、若い世代の人たちの間では、たとえば今日本でも大ブームのタピオカミルクティーのように、牛乳などを合わせて甘いドリンクとして飲むことが多いです。

また、台湾には、お茶を使った伝統菓子がありますが、私の使い方は台湾流の伝統的な手法ではなく、好奇心にしたがって自己流にイメージを広げています。

お茶の種類はとにかく多く、それぞれに特徴があるので、お菓子との相性をさぐるのは難しいけれど、試作こそが一番おもしろい作業だと感じています。

一般的に繊細な風味のお茶は、焼き菓子のような高温加熱には適さないといわれていますが、あまり線を引かずに、これからも自分なりにさまざまなチャレンジをしていこうと思います。

〈お茶の種類とお菓子の関係〉

お茶の味は基本的に、甘み、うまみ、渋味、苦味の4つで構成されますが、香りもまた、お菓子作りにおいて重要な役割をはたします。香りや味の生かし方にはいろいろなアプローチがあり、たとえば、特徴のある香りのお茶を使うと印象に残りやすいお菓子になり、風味の強いお茶を使うと他の食材の風味が引き立てられたり、味のアクセントになったりします。

お茶の風味は種類・状態・抽出条件などにより大きく変わります。お菓子作りに役立つお茶の基本情報をまとめてみました。お菓子のイメージ作りの参考にしてみてください。

発酵の度合によるお茶の分類

緑茶	白茶*4	黄茶*3	青茶*2	紅茶	黒茶*1
不発酵	発酵度が弱い				発酵度が高い

＊1　プーアール茶などが有名。

＊2　凍頂ウーロン、鉄観音などが有名。

＊3　君山銀針（クンザンギンシン）、蒙頂黄芽（モウチョウコウガ）が有名。

＊4　銀針白毫（ギンシンハクゴウ）、白牡丹（ハクボタン）が有名。

お茶の種類・状態と、お菓子への影響

（影響が弱い）　　（影響が強い）

弱い ←—— **発酵度** ——→ 高い

浅い ←—— **焙煎** ——→ 深い

少ない ←—— **使用量** ——→ 多い

粗い ←—— **茶葉** ——→ 細かい

短い ←—— **抽出時間** ——→ 長い

弱い ←—— **品種の特徴** ——→ 強い

お茶の渋みについて

（渋みが弱い）　　（渋みが強い）

粗い ←—— **茶葉の状態** ——→ 細かい

短い ←—— **抽出時間** ——→ 長い

低い ←—— **抽出温度** ——→ 高い

〈左ページのお茶の種類〉

（右列上から）鉄観音…青茶の代表格で、台湾や中国では日常的に飲まれる／ジャスミン…緑茶にジャスミンの花で香りづけしたフレーバーティーのひとつ。ジャスミンのパウンドケーキ（p.48）に使用／アールグレイ…柑橘系のベルガモットの香りが特長の紅茶。紅茶クッキー（p.20）などに使用／黒ウーロン茶…強めに発酵させたウーロン茶。ウーロン茶マドレーヌ（p.6）に使用。

（中央列上から）カモミール、ラベンダーティー…ともにハーブティーとして広く飲用されている。ラベンダーカモミールケーキ（p.56）に使用／玄米茶…番茶や煎茶に炒った米を混ぜたお茶／フレーバーティー「水鳥」…緑茶をベースに、マンゴーやベルガモットなどを混ぜたお茶。

（左列上から）ほうじ茶パウダー…番茶を強火で焙煎したほうじ茶を粉末にしたもの。ほうじ茶スコーン（p.72）などに使用／金萱《きんせん》茶パウダー…青茶の一種で、台湾のウーロン茶の新品種。金萱茶ビスコッティ（p.80）に使用／ミントティー…ミントを乾燥させたお茶／ブレンドティー「ロードベルガモット」…セイロン産ウバなどに数種の茶葉をブレンドした紅茶。

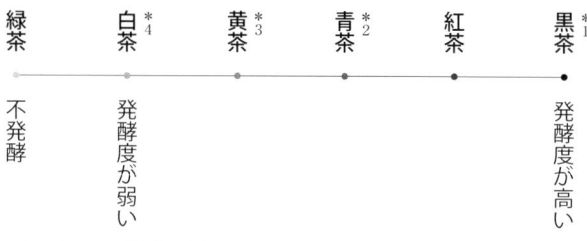

Nut Biscotti and Green Tea Biscotti

ナッツビスコッティ
金萱茶ビスコッティ

生地の食感がかたくなりすぎないよう、卵を配合しています。ナッツのほうには全粒粉を混ぜ、ドライマンゴーで甘酸っぱさをプラス。金萱《きんせん》茶は台湾のウーロン茶の新品種で、渋みがなくて甘い香りが特長。

◉材料（各16本分）

【ナッツビスコッティ】

強力粉　100g
全粒粉　35g
ベーキングパウダー　4g
太白ごま油　10g
全卵（溶きほぐす）　55g
グラニュー糖　50g
アーモンド　15g
ピーカンナッツ　15g
ドライマンゴー（粗く刻む）　20g

【金萱茶ビスコッティ】

強力粉　55g
薄力粉　55g
ベーキングパウダー　4g
金萱茶パウダー*（p.78参照）　10g
太白ごま油　15g
全卵（溶きほぐす）　55g
グラニュー糖　60g
チョコチップ（白）　30g

*ほうじ茶パウダーなど好みのお茶パウダーで代用できる。

◉下準備（共通）

・ナッツ類は150℃のオーブンで20分焼き、室温に冷ました後、粗く刻む。
・小麦粉はふるう。卵は室温にもどす。
・オーブンは180℃に予熱する。

◉ナッツビスコッティの作り方

1　ボウルに卵を入れて泡立て器でコシを切り、グラニュー糖を加えて溶けるまですり混ぜる。

2　太白ごま油を加え（a）、混ぜてなじませる。

3　刻んだアーモンドとピーカンナッツ、ドライマンゴーを加え、軽く混ぜる。

4　強力粉、全粒粉、ベーキングパウダーをムラなく混ぜて3に加え、ゴムべらで練らずに混ぜる。粉が見えなくなったら混ぜ上がり（b）。

5　ひとまとめにしてベーキングシートの上に取り出し、打ち粉（強力粉・材料外）をして麺棒で1cm厚さ、長さ25×幅8cmの長方形にのばす（c）。

6　天板にのせて180℃のオーブンで15分ほど焼き、温かいうちに波刃包丁を前後に動かして、1.5cm幅に切る（d）。

Memo 生地がやわらかいので折れないように注意して切る。

7　ベーキングシートを敷いた天板に6を寝かせて並べ、150℃のオーブンで45分ほど焼いて乾燥させる。ケーキクーラーにのせて粗熱を取る。

◉金萱茶ビスコッティの作り方

1　上記1・2と同様にする。

2　強力粉、薄力粉、ベーキングパウダー、金萱茶パウダーをムラなく混ぜて1に加え、ゴムべらで練らずに混ぜる。粉が見えなくなったら混ぜ上がり。

3　上記5・6と同様にする。

4　ベーキングシートを敷いた天板に3を寝かせて並べ、130℃のオーブンで45分ほど焼く。上記7と同様に粗熱を取る。

Memo 焼き色をつけないように低温で乾燥焼きをする。

a

b

c

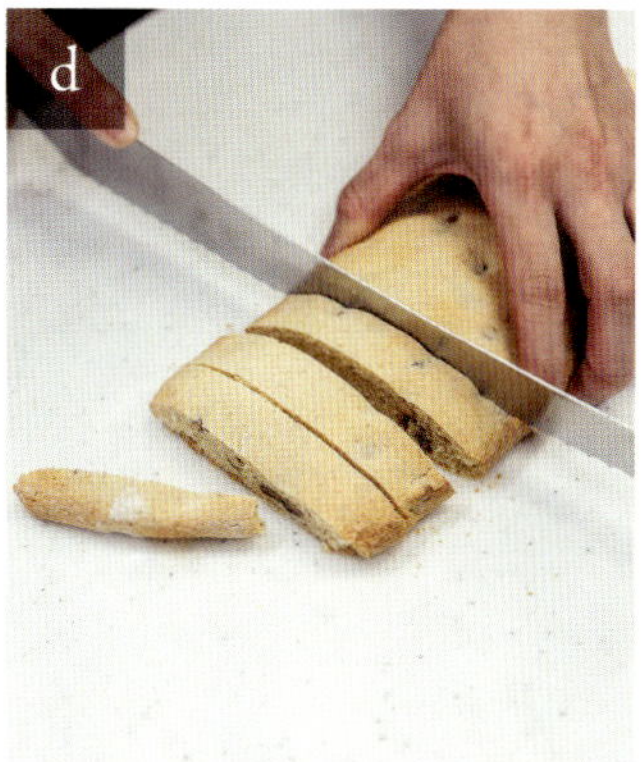
d

お茶のメレンゲ いちごのメレンゲ

Tea Meringues and Strawberry Meringues

カリッ、サクッとして、口に含むとシューッと溶けていく、クセになるようなテクスチャー。いちごとお茶でナチュラルなフレーバーをつけました。お茶のメレンゲは、日本の煎茶によく似た台湾の文山包種《ブンサンホウシュ》を使っています。

◉材料

（お茶約200個分／いちご約35個分）

【お茶のメレンゲ】

卵白　100g
粉糖　125g＋25g
文山包種茶パウダー*　7g
＊緑茶パウダーで代用できる。

【いちごのメレンゲ】

卵白　100g
粉糖　125g＋25g
いちごパウダー（p.91参照）　8g
いちご顆粒（あれば、p.91参照）　適量

◉下準備（共通）

・卵白はボウルに入れ、ボウルごと冷蔵庫で十分に冷やす。
・粉糖はそれぞれふるう。
・オーブンは100℃に予熱する。

◉お茶のメレンゲの作り方

1　卵白は新鮮なものはコシがあるため、ほぐしてコシを切る。

2　125gの粉糖を3等分し、［1］に1/3を加え、ハンドミキサーの高速で大きな泡が立つまで撹はんする（a）。また1/3を加え、泡がビールのようにきめ細かくなるまで撹はんする（b）。残りを加え、もったりとしてつやが出て、角がピンと立つまで撹はんする（c）。

Memo 泡立つまでかなり時間を要するが、辛抱強く泡立て続ける。

3　低速で軽く撹はんして気泡を整え、25gの粉糖とお茶パウダーを加え、粉が見えなくなるまでゴムべらで手早くバタバタと混ぜる。

4　直径10㎜のオープンスター口金をつけた絞り袋に［3］を入れる。

5　ベーキングシートを敷いた天板に、玉ねぎのような形に小さく絞る（d）。

Memo 生地がゆるくなる前に手早く絞る。

6　100℃のオーブンで90分ほど焼いて乾燥させる。

Memo 季節やオーブンによって焼き時間は変わる。割ってみて真ん中が乾燥していればOK。ねちっとしていたらさらに焼く。

7　そのまま粗熱を取り、乾燥剤とともに密閉容器に入れる。

Memo あっという間に湿気てしまうので、乾燥剤が欠かせない。

◉いちごのメレンゲの作り方

1　上記［1］・［2］と同様にし、上記［3］でいちごパウダーを加えて同様にする。

2　直径7㎜の星口金をつけた絞り袋に入れ、ベーキングシートを敷いた天板に、ぐるりと円を描くように絞る。

3　いちご顆粒を飾り、100℃のオーブンで2時間ほど焼いて乾燥させる。そのまま粗熱を取り、乾燥剤とともに密閉容器に入れる。

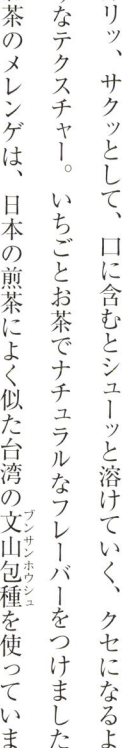

ココナッツマカロン

Coconut Macarons

ココナッツを卵白でまとめたキューブ状のひと口菓子。きなことコーヒーでフレーバーをつけました、きなことココナッツは意外にも好相性。飽きのこない素朴な味わいです。

◉材料

（約65個分）
卵白（コシを切る）　28g
ココナッツパウダー　110g
きなこ　10g
ブラウンシュガー（p.91参照）　60g
塩　1g
コーヒーエキストラ（5倍濃縮、p.91参照）　7g

◉下準備

・卵白は室温にもどす。
・ココナッツパウダー、きなこ、ブラウンシュガー、塩はそれぞれふるう。
・オーブンは160℃に予熱する。

◉作り方

1 ボウルにココナッツパウダー、きなこ、ブラウンシュガー、塩を入れてムラなく混ぜる。

2 別のボウルに卵白とコーヒーエキストラを入れ、ゴムべらでムラなく混ぜる。

3 [1]に[2]を加え、全体が均一な状態になるまでゴムべらで混ぜる。

4 ひとまとめにしてラップの上にのせ、麺棒である程度の厚さにのばし、ルーラーを使って1cm厚さの四角形にのばす。ラップに包み、冷凍庫でかたくなるまでおく。

Memo バターが入っていない生地なので、冷蔵するだけではかたくならない。凍らせてかたくすることで切りやすくする。

5 ラップをはがし、端を包丁で切り落とす。定規で1.5cm間隔の印をつけて1.5cm四方に切る（a）。

6 ベーキングシートを敷いた天板に並べ、160℃のオーブンで15分ほど焼き、140℃に下げてさらに15分ほど焼く。そのまま粗熱を取る。

a

ほうじ茶とりんごのグラノーラ

Hojicha and Apple Granola

ほうじ茶のほろ苦さにりんごの甘酸っぱさがアクセント。甘さ控え目だから、そのまま食べてもおいしい。ミルクを注いでしばらくおくとお茶の味が溶け出して、ほうじ茶ラテのようになります。

◉材料

（作りやすい分量）

- オートミール　200g
- 全粒粉　60g
- ブラウンシュガー（p.91参照）　30g
- ほうじ茶パウダー（p.78参照）　25g

- 太白ごま油　30g
- はちみつ　65g
- 牛乳　40g

- アーモンド　25g
- かぼちゃの種　10g
- スライスアーモンド　15g

ドライりんご　15g

◉下準備

・ナッツ類は150℃のオーブンで20分焼き、室温に冷ます。

・全粒粉、ブラウンシュガー、ほうじ茶パウダーはそれぞれふるう。

・オーブンは150℃に予熱する。

◉作り方

1　ボウルにオートミール、全粒粉、ブラウンシュガー、ほうじ茶パウダーを入れてムラなく混ぜる。

2　鍋に太白ごま油、はちみつ、牛乳を入れて全体が一体化するまで温める。1のボウルに加え、ゴムべらで混ぜて全体にからめる。

3　ベーキングシートを敷いた天板に薄く広げ、150℃のオーブンで15分焼く。取り出して上下を返すように混ぜ、さらに15分焼いて乾燥させる。

4　そのまま粗熱を取り、ナッツ類とドライりんごを加えて混ぜる。

ナッツといちじくのグラノーラ

Nut and Fig Granola

3種のナッツがごろごろ入ったメープル風味のグラノーラ。メープルシロップとメープルシュガーをダブル使いすることで、キャラメルのような香ばしい甘さになります。

◉材料

(作りやすい分量)

- オートミール　200g
- 全粒粉　60g
- メープルシュガー(p.91参照)　35g

- 太白ごま油　20g
- メープルシロップ　50g
- はちみつ　10g
- 牛乳　20g

- スライスアーモンド　15g
- かぼちゃの種　10g
- ピーカンナッツ　20g

ドライいちじく　15g

◉下準備

・ナッツ類は150℃のオーブンで、20分焼き、室温に冷ます。

・オーブンは150℃に予熱する。

◉作り方

1　ボウルにオートミール、全粒粉、メープルシュガーを入れてムラなく混ぜる。

2　鍋に太白ごま油、メープルシロップ、はちみつ、牛乳を入れて全体が一体化するまで温める。1のボウルに加え、ゴムべらで混ぜて全体にからめる。

3　p.86の3と同様に焼いて乾燥させる。

4　そのまま粗熱を取り、ナッツ類、粗く刻んだドライいちじくを加えて混ぜる。

ショコラナッツのグラノーラ

Chocolate and Nut Granola

カカオパウダーでビターに仕立てたチョコレート風味のグラノーラ。ミルクを混ぜるとミルクココアのようになります。寒い時季にはホットミルクを。バナナチップがアクセントです。

◉材料

（作りやすい分量）

- オートミール　200g
- 全粒粉　60g
- カカオパウダー　20g
- ブラウンシュガー（p.91参照）　15g
- 太白ごま油　50g
- はちみつ　45g
- スライスアーモンド　15g
- カシューナッツ　25g
- かぼちゃの種　10g
- バナナチップ　10g
- チョコチップ　7g

◉下準備

・ナッツ類は150℃のオーブンで、20分焼き、室温に冷ます。
・オーブンは150℃に予熱する。

◉作り方

1　ボウルにオートミール、全粒粉、カカオパウダー、ブラウンシュガーを入れてムラなく混ぜる。

2　鍋に太白ごま油、はちみつを入れて全体が一体化するまで温める。1のボウルに加え、ゴムべらで混ぜて全体にからめる。

3　p.86の3と同様に焼いて乾燥させる。

4　そのまま粗熱を取り、ナッツ類、バナナチップ、チョコチップを加えて混ぜる。

材料について

〈基本の材料〉

小麦粉

この本では、薄力粉（「特宝笠」）、フランス産小麦100％の薄力粉（「エクリチュール」）、強力粉、全粒粉の4種類を使用。時には2～3種類を組み合わせて求める食感を作り出す（p.91に使い分けや代用について説明）。ふるって使うことが多い。

バター

発酵バターは味も香りも濃厚なので、コクのあるお菓子に仕上がる。食塩不使用バターは風味が穏やかなので、他の材料の味や香りをじゃましない。室温にもどす、溶かす、焦がす、冷やし固めるなど、お菓子に応じて調節する。

卵

新鮮なものを使う。この本ではLサイズ（殻を除いて約60g）を使用。冷蔵庫から出したばかりの冷たい卵はバターなどと混ざりにくいため、室温にもどすのが基本。メレンゲ用の卵白は、よく冷やしたほうがきめ細かく泡立つ。

砂糖

雑味のない甘さを求めるときにはグラニュー糖が便利。マドレーヌなどしっとりとさせたいお菓子には上白糖を使う。粉糖は他の材料と混ざりやすく、口溶けのよいお菓子になる。

塩

フランス産ゲランドの塩を使用。粒子が細かいほうが溶けやすい。甘じょっぱいお菓子に使うほか、隠し味程度にごく少量使うと、素材の風味や甘みを引き立たせる効果がある。

ベーキングパウダー

お菓子をふくらませる膨張剤。アルミニウムフリーを使用。これを使うことで生地内に細かな気泡が入り、軽さが出て口溶けがよくなる。量が多いとパサパサした食感になってしまう。

レモンミンチ

レモンの皮の砂糖煮を細かく刻んだもの。レモン風味に仕上げたいときに重宝。レモンピール（砂糖煮）を刻んでもよい。レモンミントクッキー（p.16）に使用。

ミント（ドライ）

ミントを乾燥させたもの。さわやかな清涼感がある。ドライは手軽に少量ずつ使えて便利。レモンミントクッキー（p.16）などに使用。

ブラウンシュガー

精製度の低い薄茶色の砂糖。甘みに加えてうまみやコクがあり、お菓子が素朴な味わいに仕上がる。ピーカンブロック（p.42）などに使用。

メープルシュガー

カエデ類の樹液を精製したメープルシロップを粉状に加工したもの。シロップよりも風味のきき方が穏やか。メープルクッキー（p.12）などに使用。

いちごピューレ

いちごに糖類を混ぜてなめらかなピューレ状に加工したもの。ナチュラルないちごのフレーバーが特徴。いちごとホワイトチョコのパウンドケーキ（p.54）に使用。

いちごパウダー

いちごに糖類を混ぜ、フリーズドライにしてパウダー状に加工したもの。いちごの色がそのまま残っている。いちごのメレンゲ（p.82）に使用。

いちご顆粒

いちごの濃縮果汁に砂糖、でんぷん、水あめなどを混ぜ合わせて顆粒状にしたもの。いちごのブールドネージュ（p.36）などに使用。

ラズベリー顆粒

ラズベリーの濃縮果汁に砂糖、でんぷん、水あめなどを混ぜ合わせて顆粒状にしたもの。いちごとホワイトチョコのパウンドケーキ（p.54）に使用。

オレンジゼスト

オレンジの皮のすりおろしを急速冷凍したもの。ワックス剤や防カビ剤の心配のないフランスのキャップフリュイ社製を使用。ラベンダーカモミールケーキ（p.56）に使用。

コーヒーエキストラ

濃縮コーヒーエキス。この本では5倍濃縮タイプを使用。カフェエキストラ、コーヒーエクストラクトなどとも呼ばれる。栗コーヒーパウンドケーキ（p.52）などに使用。

紅茶のリキュール

紅茶の茶葉で風味づけしたリキュール。良質な茶葉を使ったナチュラルで豊かな香りのものがおすすめ。紅茶クッキー（p.20）に使用。

バタースコッチ

カラメルや香料でバターキャラメルのような風味をつけたリキュール。少量でもしっかりと風味がつく。バタースコッチスコーン（p.74）に使用。

小麦粉の役割と使い分け

この本では4種類の小麦粉（薄力粉、フランス産小麦100％の薄力粉、強力粉、全粒粉）を使っています。

小麦粉はたんぱく質の含有量で分類され、少ないものから順に、薄力粉、準強力粉、強力粉となります。たんぱく質の量が多いほどグルテンが出やすく、生地の組織がしっかりと固まって小気味よい歯ごたえになります。全粒粉は小麦の皮や胚芽を含むため、より風味があります。

たんぱく質の量が少なく、ふんわりとした食感を生む「特宝笠」は、一般的な薄力粉で代用できます。ややたんぱく質の量が多く、サクッ、ホロッとした食感を生む「エクリチュール」は、形をきれいに保ちたいアイスボックスクッキーなどに使います。

小麦そのものの風味を生かしたいときには、全粒粉を混ぜます。全粒粉だけで作ると食感も口溶けも悪くなってしまうため、たとえばスコーンの場合には、薄力粉と強力粉を併用して風味と食感のバランスをとっています。

道具について

〈基本の道具〉

ボウル

材料の量に応じて大・小のサイズを使い分ける。生地を混ぜる場合は大きくて深めのものが粉が飛び散りにくく混ぜやすい。ステンレス製は丈夫で扱いやすく、耐熱ガラス製は電子レンジにもかけられる。

泡立て器

材料を合わせたり、混ぜたり、なじませたりするために使う。材料の量に応じて大・小のサイズを使い分ける。粘度のある生地を混ぜるときには、ワイヤー本数が多すぎないほうが内側に生地がたまりにくく、混ぜやすい。

ハンドミキサー

電動の泡立て器。用途によって低速・高速を使い分ける。手で泡立てるより短時間できめ細かく泡立てられて便利。ふっくらと仕上げたいパウンドケーキやメレンゲ作りには必須。

粉ふるい・ざる

小麦粉、アーモンドパウダー、砂糖などの粉類をふるう、材料の汁気をきる、茶葉などをこす、ゆで卵黄を裏ごしするなど、用途が広い。仕上げに粉糖をふりかけるときには小さな茶こしが便利。

ゴムべら・木べら

ゴムべらは、材料に空気を含ませずにサックリと混ぜたり、気泡をつぶさないように混ぜるときに使う。鍋で加熱しながら混ぜるときには、へらの成分が溶け出す心配がない木べらが安心。

ベーキングシート

生地が付着しにくいよう加工を施した耐熱性シート。焼き型や天板に敷くとお菓子の生地離れがよい。アイスボックスクッキーを成形するときにも使用。

麺棒

クッキー生地の厚みを整えたり、薄くのばしたりするのに使う。棒にも生地にも打ち粉（強力粉）をふると生地が付着しにくくスムーズに転がすことができ、生地がきれいにのびる。

〈本書でよく使う道具〉

シルパン

天板に敷くためのメッシュ状シリコンシート。生地の余分な油脂がメッシュを通して天板に流れ出すため、お菓子が軽やかに焼き上がる。洗って繰り返し使える。

ルーラー

生地を一定の厚さに均等にのばすときに使う。生地の両脇に置いて上から麺棒を転がすことで厚さが均一になり、お菓子の仕上がりが美しくなる。

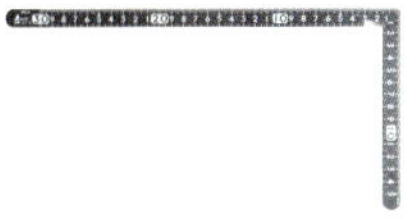

定規

生地を一定のサイズに切り分けるときに使う。生地に当てて包丁で印をつけておくと、正確に早く切り出せて、お菓子の仕上がりが美しくなる。

ミルサー

茶葉やナッツを細かく粉砕するために使う。なければ、すり鉢ですりつぶしてふるうなどしてもよい。

電子キッチンスケール

計量はお菓子作りの基本。材料を正確に計量することが味と形のよさにつながる。液体材料も容量ではかるより、重量ではかったほうが誤差がない。0.1g単位ではかれるものがおすすめ。

〈本書で使用している型類〉

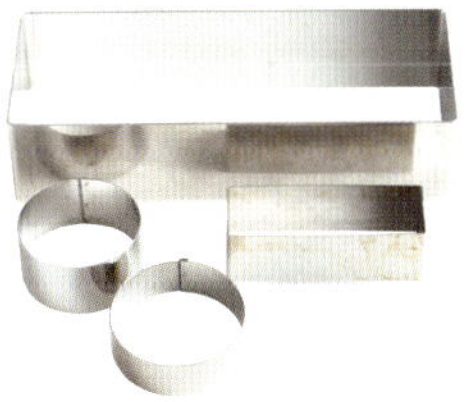

セルクル

大きな角セルクルはフロランタン(p.40)に使用(サイズ長さ21×幅10×高さ5cm)。小さな角セルクルはピーカンブロック(p.42)に使用(サイズ長さ9×幅・高さ各3cm)。丸セルクルは直径6cmをガレットブルトンヌ(p.44)に、直径5.5cmをプレーンスコーン(p.68)などに使用。すべてステンレス製。

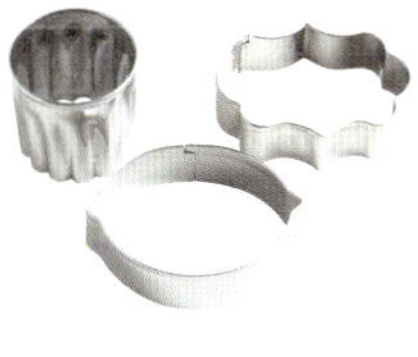

クッキー型

右・メープルクッキー(p.12)に使用(サイズ縦5×横7cm)。手前・レモンミントクッキー(p.16)に使用(サイズ縦5.5×横7.5cm)。左・クランベリーのショートブレッド(p.18)に使用した直径4cmの菊型。すべてステンレス製。

パウンドケーキ型

パウンドケーキ(p.48～65)に使用した型。長さ20×幅6.5×高さ8cmサイズのブリキ製。ベーキングシートを敷いて使う。

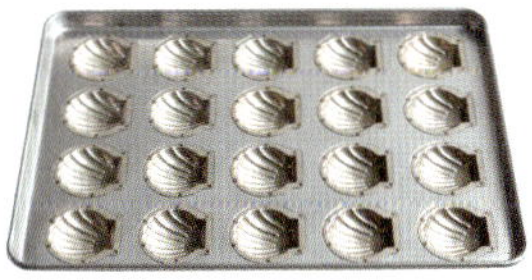

マドレーヌ型

ウーロン茶マドレーヌ(p.6)に使用したほたて貝形天板。全体サイズ545×395mm、単品内寸サイズ67×68×深さ20mm(千代田金属工業製)。ブリキにシリコン樹脂加工。バターを塗り小麦粉をふって使う。

オープンスター口金

直径10㎜のものをお茶のメレンゲ(p.82)に使用。ステンレス製。

星口金

直径7㎜のものをショコラクッキー(p.28)、チーズクッキー(p.32)、いちごのメレンゲ(p.82)に使用。ステンレス製。

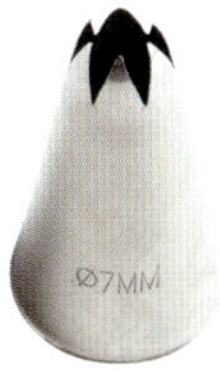

絞り袋

マドレーヌの生地を型に流したり、絞り出しクッキー(p.28～33)やメレンゲ(p.82)の生地を絞り出すために使う。なければ厚手のポリ袋の角を切って代用。

おわりに

菓子屋シノノメは、カフェ「from afar」の工房として始まりました。その頃は平日にカフェ用のお菓子をメインに作り、週末にだけ、焼き菓子屋として営業していました。

それがいつの間にか、焼くお菓子の種類が増え、営業日も増えました。

こぢんまりと始めた工房も、今ではたくさんのスタッフに恵まれ、とてもにぎやかです。


みんなでおしゃべりしながらお菓子をパッケージするとき。

試作したお菓子を食べながら話し合うとき。

黙々と自分たちの作業に集中するとき。

そして、開店前の空気の中のかすかな緊張感。

どれも私の好きな時間です。


カウンターの端から端までいっぱいになるくらいお菓子の種類が増えた今も、試行錯誤しながら前に進んでる途中です。

本をつくりながら、一つひとつのお菓子に込めたいろんな思いが浮かびました。

この本では、私がお菓子作りで大事にしていることをできるだけ文字にして表しました。

本を手に取ってくださったみなさんも、シノノメのお菓子を手作りして楽しんでもらえたらうれしく思います。

毛　宣惠（マオ　シュエンホェイ）

菓子屋シノノメ

東京都台東区蔵前4-31-11
12:00～19:00
定休日　なし（年末年始を除く）
インスタグラム　@kashiya_shinonome
＊近隣にベーカリー「シノノメ製パン所」も。

喫茶半月

東京都台東区蔵前4-14-11
ウグイスビル103
11:30～19:00（L.O.18:30）
定休日　なし（年末年始を除く）
インスタグラム　@hangetsu_kuramae

毛　宣恵（マオ シュエンホェイ）

台湾出身。高校卒業後来日。2015年友人とともに町づくりの会社を立ち上げる。同年の8月にカフェ「from afar」をオープン。ケーキと焼き菓子の研究を始める。その後、2017年11月に菓子工房として「菓子屋シノノメ」をオープン。〝毎日食べられるお菓子〟をコンセプトに、旬の素材を取り入れながら商品開発を行っている。以降も東京都内にカフェやベーカリー、2023年からは石川県金沢市でもカフェや生活用品店を経営しつつ、日々お菓子のことを考えて暮らしている。

アートディレクション　成澤　豪（なかよし図工室）
デザイン　成澤宏美（なかよし図工室）
撮影　清永　洋
取材・文　美濃越かおる
校正　ケイズオフィス
菓子製作アシスタント　小森聖子、押江琴美
DTP制作　天龍社

甘すぎないから、毎日食べたくなる

菓子屋シノノメの焼き菓子

2019年11月20日　第1刷発行
2025年6月2日　第14刷発行

著者　毛　宣恵
発行者　木下　春雄
発行所　一般社団法人　家の光協会
〒162-8448
東京都新宿区市谷船河原町11
電話　03-3266-9029（販売）
03-3266-9028（編集）
振替　00150-1-4724
印刷・製本　TOPPANクロレ株式会社

乱丁・落丁本はお取り替えいたします。
定価はカバーに表示してあります。

ISBN978-4-259-56634-0 C0077